Etapas de la pyme

Diseño de tapa:
LUCAS FRONTERA SCHÄLLIBAUM (velü)

JOSÉ MARÍA QUIRÓS

Etapas de la pyme

GRANICA

ARGENTINA - ESPAÑA - MÉXICO - CHILE - URUGUAY

© 2018 *by* Ediciones Granica S.A.

ARGENTINA
Ediciones Granica S.A.
Lavalle 1634 3° G / C1048AAN Buenos Aires, Argentina
granica.ar@granicaeditor.com
atencionaempresas@granicaeditor.com
Tel.: +54 (11) 4374-1456 Fax: +54 (11) 4373-0669

MÉXICO
Ediciones Granica México S.A. de C.V.
Calle Industria N° 82
Colonia Nextengo - Delegación Azcapotzalco
Ciudad de México - C.P. 02070 México
granica.mx@granicaeditor.com
Tel.: +52 (55) 5360-1010. Fax: +52 (55) 5360-1100

URUGUAY
granica.uy@granicaeditor.com
Tel: +59 (82) 413-6195 Fax: +59 (82) 413-3042

CHILE
granica.cl@granicaeditor.com
Tel.: +56 2 8107455

ESPAÑA
granica.es@granicaeditor.com
Tel.: +34 (93) 635 4120

www.granicaeditor.com

GRANICA es una marca registrada

ISBN 978-950-641-956-1

Hecho el depósito que marca la ley 11.723

Impreso en Argentina. *Printed in Argentina*

Quirós, José María
   Etapas de la pyme / José María Quirós. - 1a ed . - Ciudad
Autónoma de Buenos Aires : Granica, 2018.
   272 p. ; 22 x 15 cm.

   ISBN 978-950-641-956-1

   1. Gestión. 2. Administración de Empresas. I. Título.
CDD 338.47

ÍNDICE

ANEXOS

AGRADECIMIENTOS

La importancia de este libro sobre la evolución de las pequeñas y medianas empresas descansa en varios planos.

El primero reside en el hecho de plasmar los contenidos específicos que durante décadas de trayectoria he ido desarrollando junto con un equipo de consultores. En segundo lugar, está la posibilidad que me permite la escritura de llegar mucho más allá del contacto personal. Y por último, el deseo de devolverle a usted, empresario, los conocimientos sintetizados que he adquirido. Siempre digo que son ustedes de quienes más aprendo.

Uno llega a esta instancia teniendo que agradecer a muchísima gente, porque siempre somos la suma de circunstancias y, fundamentalmente, de la frecuentación de personas que iniciaron o acompañaron nuestro desarrollo profesional. En algunos casos siguen presentes, aumentando, reformulando y trayendo conocimiento que uno luego llega a sentir como propio.

Mis comienzos fueron como empleado, hasta que a los 30 años Ricardo Steinhardt me llevara a diferentes empresas a dictar un curso sobre el protagonismo en las organizaciones. A partir de ese momento me invitó a asesorar, junto con él, a tres de sus clientes. De esa manera comencé esta profesión de consultor. Años después me transformé en empresario y me tocó a mí mismo vivir todas estas etapas para pasar de emprendedor a empresario que describo.

En un principio, la idea de especializarme en pequeñas y medianas empresas me pareció una limitación, hasta que empecé a descubrir sus particularidades. Me di cuenta de que son como las empresas grandes pero de menor tamaño, de que las estrategias y las formas organizativas son específicas justamente para poder competir con ventaja en el mercado en el que actúan tanto pymes como empresas grandes.

Desde un primer momento los empresarios me emocionaron, me resultaron increíbles, apasionados, especiales. Me resultó fácil respetarlos y comprenderlos. Aun sin pretender entender cada acción o decisión, podía ayudarlos desde sus cualidades, sin buscarles defectos sino características a potencializar.

Siempre es difícil nombrar, pero en este camino Raúl Devries fue una referencia y un instructor personal claro y fuerte en mi trayectoria.

Mónica Román redactó, corrigió y discutió muchos de los temas aquí tratados. Ella es una fanática de los contenidos específicos de las pymes y del empresario. Por lo tanto, es para mí una interlocutora importante con quien disentir, coincidir, enojarme y de quien valorar sus opiniones. Martín, mi hijo, es un socio que me interesa y escucho. Pienso que gracias a su empeño y capacidad la empresa trascenderá más allá de mi presencia. Naturalmente, el equipo de consultores me ayudó y colaboró en este logro con su mirada profesional, en especial la de Guillermo Quirós, Roberto Osorio, Rita Ugarte, Fernando Kluger y Hernán de la Riva. Gracias a algunas colaboradoras, como Valeria García y mi contadora y consultora externa Graciela García, crecemos en forma cotidiana.

En realidad, uno es la suma de muchos más, pero tengo la suerte de ser producto de mi entorno más cercano: mi esposa, mis hijos y nietos, los clientes y colaboradores, entre otros. Pero al fin, uno se lleva los méritos.

Primera parte

ETAPAS DE LA EVOLUCIÓN EMPRESARIAL

TRAYECTORIA

- El empresario siente que su caso es particular
- El crecimiento no es lineal
- Límite virtual del talento empresarial
- Las etapas de la empresa
- Lo que hace diferente a cada empresa
- Cómo lograr la consolidación del negocio

El empresario siente que su caso es particular

Como fundadores de una pequeña o mediana empresa sentimos que nuestro caso es particular. Suponemos que otros empresarios tuvieron un recorrido más planificado. En comparación con las historias de éxito relatadas en los libros de negocios, nuestra trayectoria parece desordenada, sin programación ni estrategia deliberada.

La única escuela empresarial que tuvimos para formarnos fue nuestro propio negocio y sentimos que estamos lejos del empresario modelo. ¡Es que este solo existe en las revistas! Y si conociéramos más de cerca la manera en que se desarrollaron otras empresas nos daríamos cuenta de que *nuestra trayectoria no es una excepción*: la mayoría de las pymes tiene un recorrido que se muestra "desprolijo", porque es precisamente de esa manera intuitiva como se va forjando una empresa.

La propia historia del desarrollo empresarial tiende a aislar al directivo. Por eso siente este que su realidad es única y que nada ni nadie podría cambiarla. Sin embargo, al comparar los diferentes relatos de evolución empresarial llama la atención que algunos acontecimientos se repitan en todos los casos. Es que el trayecto temporal de cada empresa, desde su origen hasta su estabilización, está encuadrado en ciertos patrones comunes que caracterizan la evolución de las pymes. Sin saberlo, el empresario sigue un camino de crecimiento que lo lleva de un estadio al siguiente y es similar en la mayoría de las empresas. Y en esa trayectoria se van gestando de manera recíproca un empresario, una empresa y un negocio.

Comprender el modo en que los empresarios y sus empresas recorren los distintos momentos de su trayectoria permite identificar en qué *etapa* del camino se encuentra el propio negocio, conocer qué desafíos nos esperan, saber cuáles son las oportunidades que nos presenta cada periodo y descubrir las habilidades que necesitamos poner en juego. Gracias a este conocimiento se pilotea cada etapa con mayor desenvoltura y se alcanza con éxito el estadio siguiente.

El crecimiento no es lineal

La manera en que se desarrolla una empresa no es lineal ni incremental. En cada etapa aparecen nuevas circunstancias, de modo que necesitamos modificar permanentemente nuestra manera de manejarnos. Aquello que en un primer momento se hace naturalmente puede resultar más difícil en un estadio posterior y requerir nuevas habilidades. Por ejemplo, si en los comienzos de la empresa los empleados trabajaban motivados y era fácil conducirlos, en la etapa de estructuración ese mismo personal se desmotiva y se aleja de nosotros, por lo que necesitamos nuevas habilidades de conducción. En el transcurso de las etapas, para lograr efectos similares tenemos que aprender algo más que lo que ya sabíamos. Esto que parece un retroceso es en realidad un avance y forma parte de la evolución normal de la empresa.

Al mismo tiempo, pautas de desarrollo que daban resultado dejan de hacerlo. Por ejemplo, "más es mejor" ya no resulta cuando los tiempos y capacidades del empresario y de su organización se encuentran limitados. En ese momento, el enfoque en el negocio principal y el acierto en dónde poner la energía constituyen la mejor estrategia.

La profesión de empresario se aprende a través del ensayo y del acierto. En cada período del desarrollo resolvemos nuevos problemas, desplegamos capacidades inéditas y, necesariamente, modificamos nuestra visión del negocio. Aprendemos también a relacionarnos con nuestra empresa ya que, en un momento dado, empieza a tener características propias y a crecer por sí misma con independencia de nuestra decisión. Sentimos entonces que, así como los hijos no son tal cual esperábamos pero aceptamos sus particularidades y circunstancias sin hacer fuerza cuando crecen, las organizaciones tampoco son perfectas, pero sí manejables. No están exentas de conflictos, pero existen caminos de solución posibles de encarar.

Límite virtual del talento empresarial

La travesía del desarrollo de la propia empresa está llena de amenazas y oportunidades, y este recorrido que comienza en el emprendimiento tiene tres posibles desenlaces. La mayoría naufraga por completo en la primera etapa y nunca accede a formar una empresa. Otros, los que tienen verdadera capacidad empresarial, logran navegar sorteando los obstáculos propios de cada etapa y reciben también las correspondientes gratificaciones. En ese trayecto van desplegando sus aptitudes hasta llegar a un tope de desarrollo, cuyo límite se expresa con señales inequívocas, como la falta de tiempo, el estancamiento de la rentabilidad y el sentimiento de falta de dominio. Este nivel que alcanzan demuestra su *Performance Empresarial Natural (PEN)*, la que los ha llevado de manera intuitiva hasta allí. La mayor parte de los empresarios que han tenido el talento de darle continuidad a la empresa y llegan a un tope tiende a mantenerse luchando en una fluctuación que, por momentos, fuerza el crecimiento y, por otros, retrocede, porque su performance natural es como un termostato, que los mantiene en determinado rango.

Por último, hay unos pocos que, al descubrir que más esfuerzo y más tiempo no constituyen la solución, *eligen* superar su performance natural, aprendiendo y tallándose a sí mismos. Ellos consiguen sumarle a su experiencia un enfoque empresarial diferente que les permite disfrutar de su profesión, disponer de tiempo personal y dominar la rentabilidad del negocio.

Las etapas de la empresa

Las etapas que recorren todos los empresarios fundacionales desde el nacimiento de la empresa hasta su madurez son las siguientes.

- **Etapa emprendedora**: se inicia el negocio.
- **Etapa de expansión**: aparece un primer empresario y se produce un crecimiento exponencial.
- **Etapa de estructuración**: se ordena la empresa para seguir creciendo.
- **Etapa de complejidad**: las cosas se enredan y el empresario pierde dominio.
- **Proceso de reestructuración**: se realizan cambios para recuperar el dominio.
- **Etapa de consolidación** (una opción): superando la capacidad empresarial natural, se *elige* desarrollar mayor potencia con el fin de lograr una continuidad exitosa.

Lo que hace diferente a cada empresa

Así como todas las personas que llegan a la adultez han pasado por la niñez, la adolescencia y la juventud, la manera en que cada una experimenta esas etapas y aquello en lo que se convierte constituyen algo único. Hay factores como su genética, su familia, su educación, etc., que modelan su desarrollo y personalidad. En las empresas también existen factores que hacen que cada empresa experimente las distintas etapas de manera propia y que se convierta en una organización diferente, incluso entre las del mismo rubro.

Los *cinco factores* más determinantes que modelan la trayectoria de la empresa se detallan a continuación.

1. **El contexto.** El entorno cambiante y el rubro en el que actúa la empresa la condicionan. Al comienzo de nuestra trayectoria reconocemos fácilmente las oportunidades, pero a medida que vamos acumulando experiencia empresarial tendemos a percibir solamente las amenazas. Esa percepción nos vuelve más rígidos y nos lleva a poner más energía en forzar el contexto que en explorarlo.

2. **La vida individual del empresario.** Además de la experiencia profesional como empresario existe el desarrollo como persona, como cónyuge, como padre o madre de familia. Las perspectivas y los valores que aportan los roles del desarrollo personal terminan influyendo, y mucho, en el empresario y su empresa. Entre los 38 y los 43 años de edad, los individuos hacemos un cambio significativo en nuestra visión de la vida. Si antes creíamos que disponíamos de todo el tiempo del mundo y tendíamos a sembrar y abrir oportunidades para el futuro, a partir de ese período tomamos conciencia de que nuestra vida es finita y de que el ciclo vital no tiene retorno. Por lo tanto, queremos recoger los frutos de lo que

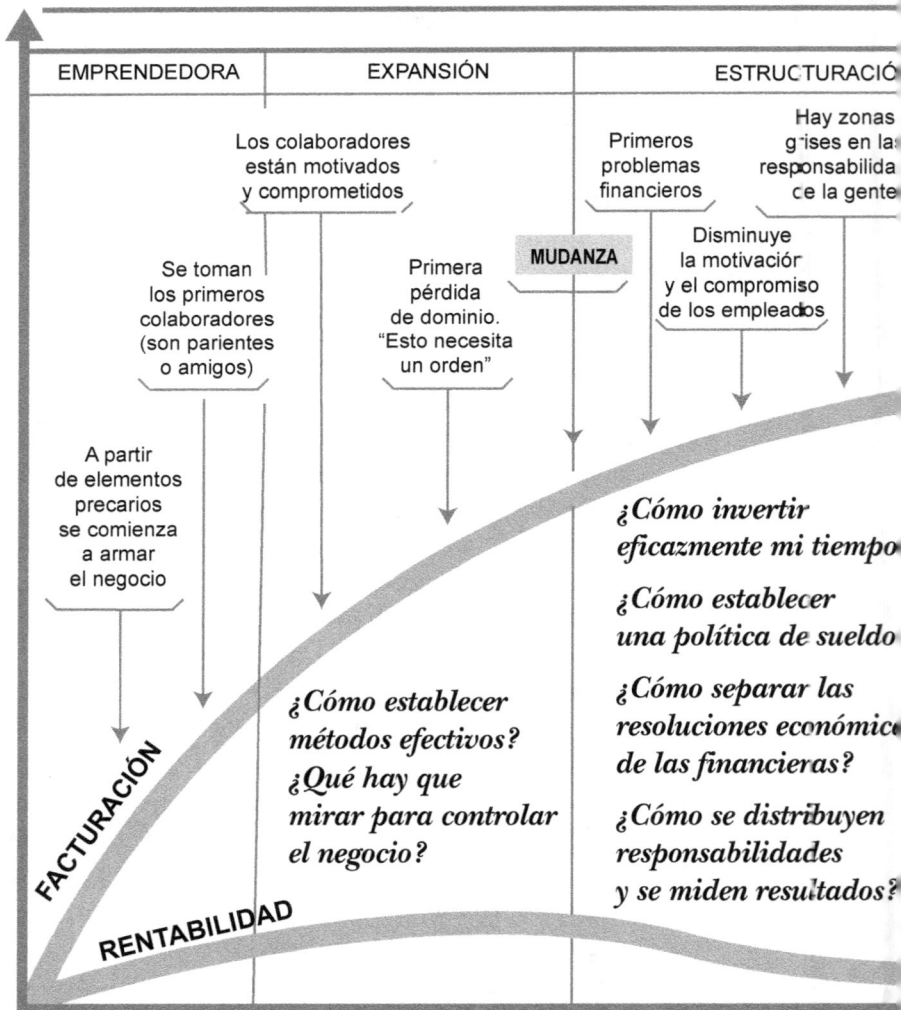

ETAPAS [

EVOLUCIÓN NATURAL

| EMPRENDEDORA | EXPANSIÓN | ESTRUCTURACIÓ |

Los colaboradores
están motivados
y comprometidos

Primeros
problemas
financieros

Hay zonas
grises en la
responsabilida
ce la gente

Se toman
los primeros
colaboradores
(son parientes
o amigos)

Primera
pérdida
de dominio.
"Esto necesita
un orden"

MUDANZA

Disminuye
la motivación
y el compromiso
de los empleados

A partir
de elementos
precarios
se comienza
a armar
el negocio

*¿Cómo invertir
eficazmente mi tiempo*

*¿Cómo establecer
una política de sueldo*

FACTURACIÓN

*¿Cómo establecer
métodos efectivos?
¿Qué hay que
mirar para controlar
el negocio?*

*¿Cómo separar las
resoluciones económica
de las financieras?*

*¿Cómo se distribuyen
responsabilidades
y se miden resultados?*

RENTABILIDAD

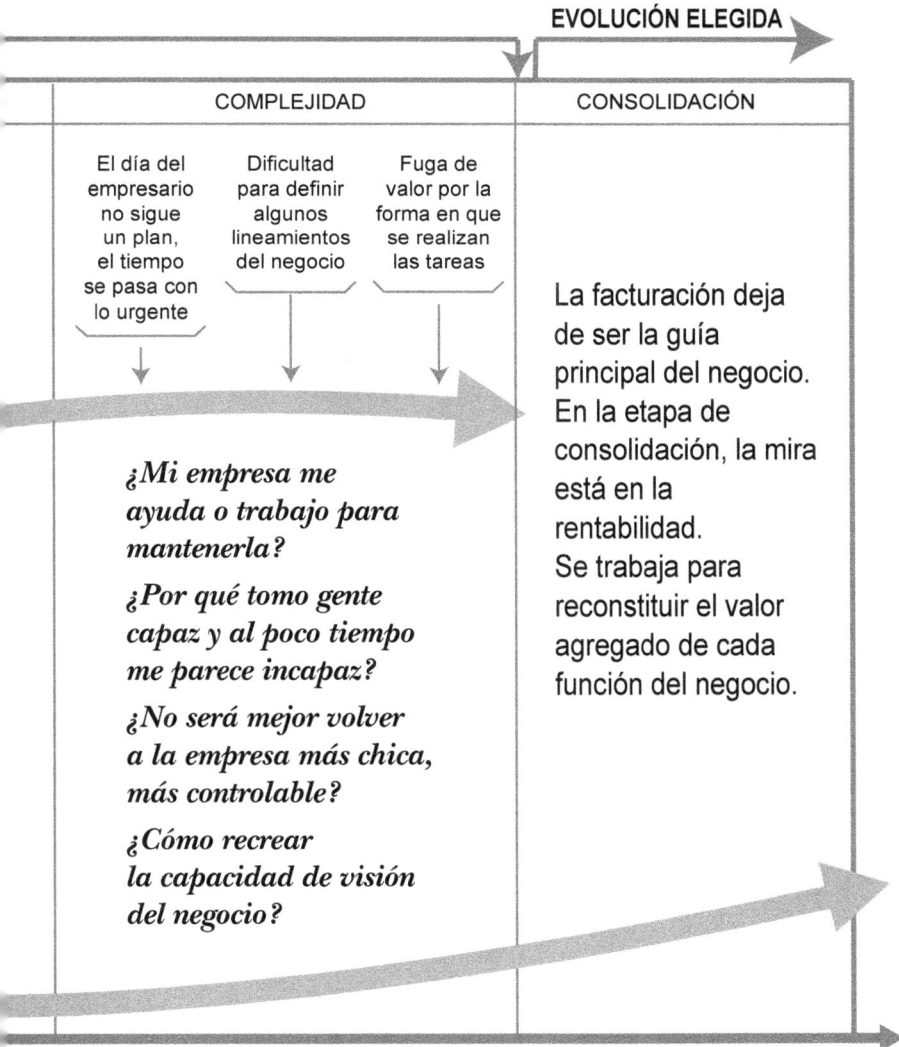

EMPRESA

EVOLUCIÓN ELEGIDA

COMPLEJIDAD			CONSOLIDACIÓN

El día del empresario no sigue un plan, el tiempo se pasa con lo urgente

Dificultad para definir algunos lineamientos del negocio

Fuga de valor por la forma en que se realizan las tareas

¿Mi empresa me ayuda o trabajo para mantenerla?

¿Por qué tomo gente capaz y al poco tiempo me parece incapaz?

¿No será mejor volver a la empresa más chica, más controlable?

¿Cómo recrear la capacidad de visión del negocio?

La facturación deja de ser la guía principal del negocio. En la etapa de consolidación, la mira está en la rentabilidad. Se trabaja para reconstituir el valor agregado de cada función del negocio.

cultivamos y ponemos la mirada en los resultados. Otro hito muy fuerte que puede cambiar en forma terminante la perspectiva y los valores que nos motivan es la aparición de problemas de salud, ya sea que le ocurran al empresario o a alguna persona de su entorno cercano.

3. **El crecimiento de la empresa.** Esa entidad poco a poco cobra vida propia y sigue una dinámica independiente que obliga al empresario a un ritmo de toma de decisiones. El aumento de tamaño, de personal, de artículos, de servicios, de locales y de procesos incrementa la complejidad de la empresa y demanda nuevas maneras de organizarse.

4. **La "familiarización" de la empresa.** Los años traen el ingreso al negocio de las generaciones más jóvenes. La inclusión de los hijos (y de los hijos de los hijos) constituye una oportunidad para la continuidad futura de la empresa. Sin el ingreso de nuevas generaciones, las posibilidades de una continuidad se reducen en forma significativa.

Si bien los jóvenes ya encuentran una trayectoria trazada, no necesariamente la siguen tal como fue marcada por los mayores. Es así como condicionan la historia de la empresa y el modo en que se producen las distintas etapas.

5. **El umbral de expectativas.** Ese parámetro propio que cada uno de nosotros tiene acerca de aquello que podemos aspirar a ser y de aquella posición que queremos alcanzar con nuestro esfuerzo es otro de los factores importantes que condicionan el desarrollo de la empresa. Este umbral de expectativas, que se ha configurado a través de nuestras pautas familiares y culturales, nos sirve para depositar nuestras metas de felicidad en objetivos y sueños que sean posibles para nosotros. Cuando creamos una empresa, nos

manejamos automáticamente en el rango preestablecido por nuestro umbral de expectativas y desarrollamos una capacidad empresarial congruente que nos lleva hasta esa meta.

Cada uno de estos cinco factores no es determinante por sí mismo. Es el juego y la interacción entre ellos lo que le da la forma de crecimiento y su destino a cada empresa.

En todo este recorrido, el empresario tiene un rol central. Su visión superadora le permite construir permanentemente una mirada diferente que opera como disparadora de las nuevas decisiones. La capacidad de plantearse mundos posibles una y otra vez es la que constituye el motor del negocio. Aunque parezca por momentos "funcionar sola" y seguir con claridad su rumbo, una empresa sin liderazgo empresarial se apaga irremediablemente.

Cómo lograr la consolidación del negocio

A través del recorrido empresarial que se relata en la primera parte de este libro se le irá revelando a usted su propia historia como empresario. Descubrirá las capacidades que en algún momento desplegó y reconocerá las claves que hicieron que esta aventura de formar y hacer crecer una empresa tuviera continuidad hasta el día de hoy.

En la segunda parte, usted conocerá las dos clases diferentes de *llaves* que abren las puertas de la etapa de consolidación. Por un lado, están aquellas que lo van a potenciar internamente, en su aspecto personal como empresario, brindándole sabiduría, renovando su motivación, fortaleciendo su autoconfianza y permitiéndole vivir de una manera mucho más placentera su profesión empresarial. No son llaves para cualquier cosa o persona, sino exclusivamente para lo que necesita quien es dueño o directivo de una pyme.

Las otras llaves están dirigidas a consolidar la empresa, tanto en el negocio como en la organización. Son llaves que usted, como directivo, podrá aplicar para tener un negocio más rentable y una organización más autónoma, confiable y efectiva.

Pero fundamentalmente, todo lo que aquí proponemos podrá hacerlo desde un camino que está al alcance de su mano y, por lo tanto, aplicable.

Para empezar, recuerde que siempre que quiera evolucionar tendrá que respetar el valor de lo ya actuado y de lo actual. Tome sus características y las de su empresa –sin críticas– como "fortalezas", como punto de partida, potenciando sus cualidades y tratando de no forzarse a encajar en modelos de cómo "debería ser" una empresa. En el espejo vemos nuestras limitaciones, pero si ponemos atención, allí también están nuestras oportunidades, en eso: respetándose y respetando su historia. No pretendamos entender y perfeccionar la totalidad, sino apalancar pequeños avances, de forma práctica, en las zonas convenientes, sabiendo que las ambiciones son amplias y la energía disponible limitada.

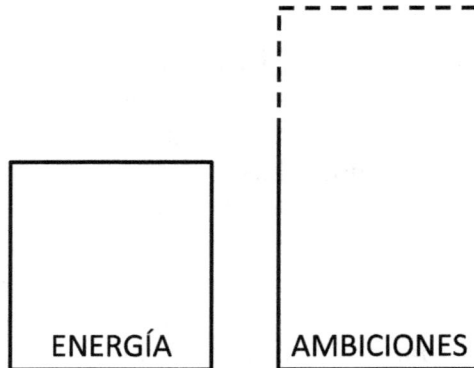

ENERGÍA   AMBICIONES

En esta lectura descubrirá que:

- se necesita *renunciar* para darse la oportunidad de *sobresalir*,

- antes que tener *procesos eficientes* hay que tener *procesos efectivos,*
- no es el crecimiento (expansión) sino el desarrollo (especialización) lo que produce *ganancia,*
- el *dominio* es fundamental para sostener la *rentabilidad,*
- solo *respetando y fortaleciendo las propias características* no se corre el riesgo de romper esa mística que permitió hasta aquí la continuidad de su empresa.

ETAPA EMPRENDEDORA

- Grandes sueños con mínimos recursos
- Asombro, análisis, aprendizaje
- Efectividad: el arte de concretar
- La pasión: el combustible del emprendedor
- Vulnerabilidad y riesgos del inicio
- La persistencia: el pasaporte al futuro
- Las tres capacidades del empresario fundacional
- Superando la etapa emprendedora

Grandes sueños con mínimos recursos

Movilizado por una oportunidad y una idea de negocio, el emprendedor comienza esta historia. Con recursos mínimos, pone el primer pilar para la futura empresa. Empieza con elementos sencillos e incluso precarios, a veces: con la computadora familiar, en el garaje de su casa o en una oficina prestada.

Parte con una visión de aquello que quiere construir y llegar a ser. Al principio esta imagen de futuro, basada en algún modelo a alcanzar, es indefinida, pero poco a poco se va delimitando y cobra cuerpo. Y aunque quienes lo miran de afuera no puedan imaginarla, él está viendo su empresa futura.

El emprendedor es reservado porque sabe que está probando, pero internamente siente que crea una nueva historia, un mundo hasta entonces inexistente. Por eso, en las primeras épocas cada venta que realiza confirma su idea, cada operación de negocio alimenta su visión. Se entusiasma cuando lo consultan por una cotización, se emociona cuando le compran, se asombra cuando le reciben sus productos o servicios y hasta se sorprende cuando le pagan.

El empresario fundacional está explorando. El contexto es un aula de oportunidades y un territorio donde encontrar o crear caminos para aprovecharlas. Este empresario en formación logra combinar sus recursos con una alquimia perfecta: su mayor talento consiste precisamente en hacer mucho con poco, en producir un resultado de mayor valor que el que tenía antes.

Asombro, análisis, aprendizaje

Cuando habla con los clientes, cuando organiza, cuando proyecta o produce, el emprendedor actúa con una prodigiosa lucidez que le permite aprovechar al máximo cada oportunidad. De todos aprende, todo lo sorprende y alimenta su negocio.

Su visión es firme pero lo suficientemente permeable como para ser retocada a partir de lo que va descubriendo al hablar con los clientes o en la forma de proveer su producto o servicio. En esta manera que él tiene de hacer negocio no hay estrategia, hay táctica pura. Se maneja en el mercado como en el juego de "frío, tibio o caliente", en el que el jugador tiene que adivinar dónde se encuentra el objeto escondido, en una danza de pruebas y aciertos. La manera de ir tanteando del emprendedor se pule a través de los ojos de los clientes, del comentario de un proveedor o de lo que le dice algún conocido.

Por cada operación concreta que realiza, dispone de mucho tiempo para analizarla. Suele hacerle a algún colaborador, a su socio o a su cónyuge comentarios de este tipo:

> —¿Viste qué bien cuando el cliente dijo...?
> —Cuando hice la entrega y me quedé conversando me sugirió...
> —Al retirar el próximo pedido le voy a preguntar...
> —¡Qué bueno! Entonces tenemos que hacer así...

Y así consume horas de café y de encuentros sin apuros, reflexionando y reformulando los modos de hacer las cosas. Estos son ajustes clave, por los que el negocio alcanza una penetración única en esta etapa.

Su vida en ese momento tiene un solo foco: su emprendimiento. Toda charla, cualquiera sea el ámbito en que se dé, es pensada desde ese único lugar. Todo lo que está a su alcance, personas, espacios y objetos, adquiere un sentido en función de su proyecto. El auto, los bienes personales y la casa cobran una nueva utilidad: ahora pueden convertirse en herramientas de trabajo. Amigos, parientes y conocidos pasan a ser fuentes útiles de contactos, de información y de opiniones.

Efectividad: el arte de concretar

En la inspiración del emprendedor se combinan un foco, que le permite una gran concentración, y un estado de "alerta exploratoria", que le da la posibilidad de descubrir lo que hasta el momento no existe. Sus acciones tienen la magia de conjugar a la perfección las necesidades del cliente y los recursos disponibles para satisfacerlas. Más adelante, durante toda su vida empresarial, recordará con añoranza estos primeros momentos de tanta simpleza y efectividad.

En esta etapa, la visión y la acción se conjugan en una sola mente, la del emprendedor, cuyo poder de análisis equilibra perfectamente la *eficacia* –que consiste en hacer las cosas rápidamente– y la *eficiencia* –que es hacerlas al menor costo–, para conseguir algo mucho más importante: la *efectividad*.

La *efectividad* es el resultado de una ecuación compleja que consiste en conciliar las variables de tiempo y de costo de la manera más adecuada para cada caso. En un incendio, un bombero tiene que ser absolutamente eficaz y apagar el fuego cuanto antes, sin que importen los costos. En cambio, un balance contable tiene que hacerse de un modo eficiente, ya que al haber tiempo la efectividad pasa por hacerlo al menor costo. En los casos intermedios comienzan a entrar en consideración otras variables: capacidades, réditos, oportunidades y recursos. Por eso, en cada situación la efectividad combina del mejor modo posible un componente de tiempo –que no será el más breve– y uno de costo –que no será el más bajo–.

El cálculo de efectividad entra en juego en la mente del emprendedor ante cada decisión. Él coteja en su cabeza sus capacidades actuales con el rédito económico, las oportunidades futuras y los recursos a conseguir. Ante cada situación, evalúa los elementos en juego y consigue el equilibrio adecuado. Como todos los casos son diferentes, es difícil juzgar la efectividad desde afuera; el equilibrio que funcionó en una situación, puede no hacerlo en la siguiente. El principal signo de efectividad tal vez sea la trayectoria que el emprendedor va asumiendo con el tiempo.

La pasión: el combustible del emprendedor

El período de gestación de la empresa incluye aciertos y desaciertos, pero, a diferencia del empresario de las próximas etapas, el emprendedor tiene una gran ventaja: desconoce los miedos y las marcas de fracasos anteriores. Los reveses son olvidados con facilidad y los obstáculos superados con empeño y confianza.

Esta etapa tiene, además, un componente fundamental que le brinda un increíble poder al ser humano: la pasión, una energía que nos permite desviar nuestro destino fuera del cauce preestablecido, descubrir pautas, interpretar con acierto los hechos, inventar mundos aún no existentes y trabajar para concretarlos. Esa pasión se alimenta con lo realizado, en una rueda positiva que lo impulsa a crecer.

Y por esa pasión, el emprendimiento constituye un proyecto de vida, una "misión" o un camino ideal, que el emprendedor sostiene de una manera casi "militante". Él cree en sí mismo y está convencido de que su modo de pensar y encarar el negocio es mejor que el de sus competidores. Es más, siente que nadie tiene la capacidad de hacer las cosas tan bien como él. No solo se atribuye a sí mismo un potencial notable –y en buena medida es cierto–, sino que se lo adjudica también al negocio que está desarrollando. Su emprendimiento es visto como un proyecto que raya en lo ideológico, con la convicción de que provee las mejores soluciones para todo y para todos.

Aun con esta férrea confianza, el empresario fundacional sabe que está experimentando una veta de negocio, es decir que está transitando por espacios, oportunidades y modos de acción que otros no han explorado –o por lo menos no en la forma en que él lo hace–, y por eso se siente único. Sabe también que se está probando a sí mismo. Por eso es entusiasta, pero al mismo tiempo cauteloso en cuanto a comunicar la verdadera dimensión del lugar al que quiere llegar.

Vulnerabilidad y riesgos del inicio

A pesar de estar signada por el entusiasmo y la pasión, la etapa emprendedora no está libre de peligros. Por el contrario, como se trata de un período de gestación, aunque sea muy potente también es el más riesgoso. El emprendedor opera con elementos muy precarios, de modo que una infinidad de circunstancias que se le escapan pueden conducirlo al fracaso.

Como ocurre con todas las especies vivientes, los mayores riesgos para la supervivencia se dan en estos primeros pasos. La mayoría se queda en el camino. Las estadísticas indican que solo uno de cada seis emprendimientos logra superar los dos años con éxito, y esto si se consideran solamente los proyectos con algún grado de formalización –la compra de equipamiento o de insumos, el alquiler de un local, etc.–. Si en cambio se toman en cuenta los emprendimientos desde las primeras concreciones informales, la supervivencia es aún menor: solamente uno de cada doce que comienzan consigue tener continuidad después de dos años.

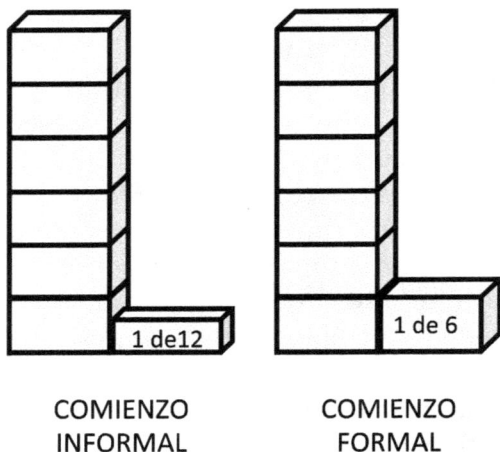

COMIENZO
INFORMAL

COMIENZO
FORMAL

Cuando supera esta etapa de gestación y pasa a la siguiente, al emprendedor se lo denomina "empresario fundacional". Es el título que le damos a partir de una mirada retrospectiva, *cuando vemos que consiguió transformar su emprendimiento en empresa.*

La persistencia: el pasaporte al futuro

Muchos de los que no superan la etapa emprendedora son "emprendedores consuetudinarios". Se trata de quienes hoy tienen un restaurante, mañana enseñan inglés, pasado distribuyen materiales para la construcción. Los consuetudinarios piensan que es cuestión de "pegarla", de dar en el clavo con el emprendimiento acertado. Cuando empiezan a establecerse en el proyecto, sienten que ya pasó el momento de ese negocio y que hay otro mejor para encarar. Entonces abandonan el primero y pasan a otra cosa. Así, nunca llegan a reunir la visión y la acción de una manera tal que produzca resultados de valor.

Por el contrario, los fundacionales son aquellos que logran continuidad, que, una vez consolidados los primeros pasos, van tejiendo oportunidad y concreción para lograr la trama que necesita una empresa.

A veces, desde afuera, pareciera que el empresario "la pegó". Pero sabemos que no fue así, que hubo un permanente trabajo de "estiramiento", en el cual fue definiendo posibilidades y trabajando para hacerlas realidad.

Las tres capacidades del empresario fundacional

A lo largo de esta etapa se gestó un empresario cuyo perfil puede definirse por tres capacidades que signarán toda la vida empresarial, aunque se irán manifestando de manera diferente en los distintos momentos. Ante los nuevos escenarios, estas capacidades se expresarán del modo en que las circunstancias lo vayan requiriendo.

1. **Visión de negocio.** Es una capacidad indispensable para la profesión empresarial. Es la configuración imaginaria que desde una veta de negocio inicial pasa por ajustes y reformulaciones, gracias a la capacidad exploradora del emprendedor. *Esta capacidad no consiste solamente en percibir y descubrir oportunidades. También permite juzgar y saber qué es importante y qué no, qué es posible y qué es imposible realizar.* Se conjugan, por un lado, necesidades y soluciones, por otro, ideas y formas de llevarlas a cabo. La capacidad exploradora le da al emprendedor la posibilidad de expandir sus enfoques y perfeccionar sus modos de hacer. No hay para él dos operaciones iguales, porque el aprendizaje que adquiere en cada caso le hace verlas diferentes.

2. Ejecutividad. Es la otra capacidad empresarial esencial. Consiste en plasmar la visión en hechos concretos. Permite resolver, organizarse e ir haciendo modificaciones para cumplir con los objetivos propuestos. En esta etapa, a diferencia de lo que sucederá más adelante, no existe un divorcio entre planes y acción. Todo se resuelve en una sola persona, o entre socios hipercomunicados. Al no tener mediadores ni ruidos de comunicación y al existir una total centralización, es posible una coordinación de asombrosa efectividad. La ejecutividad del emprendedor es envidiable, pero hay que tener en cuenta que está facilitada por estar todavía en una envergadura pequeña. De cualquier manera, el empresario fundacional recordará toda la vida aquella forma simple de ejecutar cuando con muy poco lograba tanto.

3. Protagonismo. Es la capacidad de confiar en el propio poder de intervención sobre el curso de los acontecimientos, sabiendo que uno puede conservar, crear o modificar cierto estado de cosas. Esta actitud permite emprender con continuidad, tejer visión y acción, y crear historia produciendo valor. No es la idea de que "todo se puede"; es una capacidad al mismo tiempo creativa y especuladora, que respeta las circunstancias justamente para trabajar sobre lo modificable. Esta motivación resulta del éxito alcanzado en las dos anteriores capacidades (visión y ejecutividad). El protagonismo se expresa en la determinación del navegante que piensa: "No importa para dónde soplen los vientos, yo con mis velas dirigiré el barco a destino".

La conclusión de todo esto es que no hay nada más prioritario, a la hora de buscar soluciones en la empresa, que el cuidado del espíritu empresarial de su directivo.

Superando la etapa emprendedora

Con el tiempo llegaremos a sentir que la del nacimiento del negocio fue una época magnífica que no pudimos conservar. Pensamos que con el afán de crecer tal vez apuramos demasiado las experiencias y que la etapa emprendedora se nos pasó vertiginosamente.

Sin embargo, este recuerdo no deja de ser algo distorsionado: muchas veces idealizamos el pasado frente a los inconvenientes del presente, creyendo que los viejos tiempos eran especiales. La realidad es que *nosotros hacíamos que ese tiempo fuera especial.* Olvidamos que también entonces, cada vez que nuestras expectativas no se cumplían, hacíamos todo para seguir intentándolo, para probar nuevas formas y nuevos métodos de acción. En aquel juego de ensayos y aciertos aprendimos nada menos que una manera de ver, de decidir, de actuar, de evaluarnos y de ser empresarios.

En este proceso, el emprendedor descubre que efectivamente es artífice de su historia y que su capacidad de visión y ejecutividad se concreta.

Ahora encuentra confirmada esta manera particular y única de interpretar y realizar sus acciones. Es el momento de lanzarse a un crecimiento más amplio: entonces inaugura la etapa de expansión.

ETAPA DE EXPANSIÓN

- Aceleración y euforia
- Los "históricos"
- Una opinión provocativa
- Disfrazar antecedentes
- De traje y overol
- En el ojo del huracán
- Los riesgos de la etapa
- La trampa de las señales inmediatas
- La empresa tiene ritmo propio
- ¿Cómo cuidarnos de los peligros de esta etapa?
- Más allá de la expansión

Aceleración y euforia

> *Encontraremos el camino o bien lo construiremos.*
> Aníbal, rey de los Hunos

Este es un empresario diferente: se siente seguro, ya no está probando, ya ensayó sus métodos y obtuvo resultados. Los miedos y las inseguridades de la primera etapa quedaron atrás. Por eso lo guía ahora una nueva idea: "Aquí hay mucho para conquistar".

Este empresario ve en el contexto un mar de oportunidades: los clientes responden, los proveedores lo apoyan, el crecimiento se acelera y se encuentra en un momento excelente para "multiplicar". Sabe que todo esto no se debe a que las circunstancias sean especialmente favorables, sino a su propia habilidad. Es la pasión que pone al explorar, escuchar, ver, sentir y seducir la que lo impulsa a ver posibilidades de negocio, a vender y a ejecutar para cumplir con lo prometido.

Sus planes se expanden, sus ideas se suceden, su imaginación no se detiene. Le parece que las cosas funcionan lentamente en comparación con lo que siente que puede crear, por eso piensa: "Denme tiempo y verán de lo que soy capaz".

Con tanto mercado para captar, no entiende por qué otros no lo aprovechan, por qué no reaccionan. Siente que sus competidores, aunque tengan todo a su favor –imagen, trayectoria, antecedentes, recursos–, están "dormidos", aletargados.

No hay nada que lo acobarde ni le parezca imposible. Lawrence Miller llama "bárbaro" al empresario en expansión, porque es el héroe que arremete, que se lanza a lo desconocido con la convicción de tener la capacidad para encontrar lo que busca.[1]

Si bien el empresario en expansión confía en sus capacidades, no es soberbio, no supone que lo sabe todo ni está "de vuelta" de las cosas. Simplemente cree que todo es susceptible de ser conocido, aprendido y transformado. Se siente poderoso justamente porque piensa que existe un mundo por descubrir y conquistar, y que él es capaz de hacerlo.

La etapa de expansión es el momento en que aparecen, visibles y manifiestos, tanto esta empresa incipiente como este primer empresario. Ambos se han gestado en el estadio anterior.

Los "históricos"

Para crecer, este empresario necesita tomar a sus primeros colaboradores: parientes, amigos o amigos de amigos. Poco importa que no tengan experiencia, él podrá enseñarles. No se

---

1   Lawrence Miller: *De Bárbaros a Burócratas.* Grijalbo, Barcelona, 1990.

le ocurriría, en esta instancia, realizar una búsqueda abierta para conseguir empleados; para él, la fidelidad es fundamental y se antepone por el momento a la aptitud y a la pericia.

Estamos ante un período de grandes desafíos en el que todo el tiempo se realizan "hazañas". Los empleados que han estado en estas primeras épocas de la empresa suelen contar las cosas increíbles que pudieron hacer, a veces en un tiempo récord, otras con elementos precarios:

> —¡Nos trajimos dos computadoras prestadas, preparamos la presentación en una noche y salió buenísima!
> —¡Nos falló el proveedor, cambiamos de método y no dejamos de entregarle ni un solo día!
> —¡Nos pusieron una orden de compra increíble, pensaban que teníamos experiencia, pero era la primera vez que lo hacíamos!

Una opinión provocativa

Con esta realidad que desborda abundancia surgen en el empresario nuevas formas de pensar: "Aquí no gana plata el que no quiere". Incluso, algunas veces, lo dice en voz alta. Y aunque es muy probable que más adelante cambie de opinión, en la etapa de expansión esta convicción es muy fuerte.

Esta capacidad de crecer con facilidad en un contexto que para otros es muy duro lo va separando ideológicamente de muchos de los que conforman su entorno social. Para no sentirse aislado, mantiene por momentos el discurso socialmente aceptado, quejándose de la situación y hablando de las dificultades. Sin embargo, está íntimamente convencido de que no es así. Más adelante, ante los obstáculos normales en el desenvolvimiento de un negocio, este doble discurso podrá traerle problemas: correrá el riesgo de que la queja y el énfasis sobre las complicaciones del contexto atenúen su espíritu empresarial.

Pero mientras tanto su convicción sigue en pie. Son sus colaboradores inmediatos –aquellos que trabajan para él en ese momento y perciben su poder de búsqueda y resolución– los que mejor comprenden y apoyan esa creencia. Entre ellos se genera una mística increíble que potencia aún más ese poder transformador.

Por esta energía que se contagia, algunas de las personas que acompañan al empresario desde sus comienzos logran un aprendizaje maravilloso y un notable crecimiento profesional. Por lo general, comienzan realizando tareas muy elementales y llegan a responsabilidades de envergadura a medida que crece la empresa.

Disfrazar antecedentes

En este período, el potencial que tiene el negocio es mucho mayor que lo que aparenta. Como todavía no tenemos suficientes antecedentes para mostrar, es preciso impactar a los clientes con la imagen, que debe ser lo suficientemente fuerte como para que nadie necesite pedir cuentas sobre nuestra trayectoria. Entonces creamos una escenografía: manejamos los tiempos de respuesta para mostrar que estamos muy ocupados, desplegamos en nuestra oficina aparatos de última generación, o llenamos cajas vacías y las apilamos en el local para mostrar que tenemos abundante stock. Así vamos ganando clientes que con el tiempo conformarán los antecedentes que necesitamos.

De traje y overol

Este empresario resuelve todo con ingenio y simpleza. Se enfoca en el presente y no necesita pensar en las consecuencias futuras. Reemplaza la falta de capital con su tiempo y habilidad: él mismo hace estanterías, construye un escritorio, diseña un folleto y arma una planilla de Excel.

A medida que el negocio crece, él no puede encargarse de todas las tareas y empieza a delegar algunas. Sin embargo, al hacerlo suele subestimar la importancia de ciertas delegaciones. Cree que está ante situaciones simples que cualquiera podría asumir, pero le suceden cosas que muestran lo contrario. Por ejemplo, un día vuelve de hacer una entrega y lo ataja la empleada que ahora es su "mano derecha" diciéndole:

> —*Llamó el señor Marconi y pidió una cotización por un pedido igual a la última compra.*
> —*¿En serio?, ¿qué te dijo?, ¿que estaba comparando precios o que ya necesitaba comprar?*
> —*No sé, solamente me dijo que quería una cotización.*
> —*No, espera, ¡siéntate!, dime* **palabra por palabra** *cómo fue exactamente lo que te dijo…*

Las palabras del cliente, vacías para ella, son señales valiosísimas para el empresario. En ese momento toma conciencia de que a través de tareas que él consideraba intrascendentes –como por ejemplo atender un llamado– podía captar los indicios que le permitían actuar en cada caso: los silencios, los verbos, las exclamaciones, la manera de preguntar de los clientes podían decirle si estaban apurados, si solamente averiguaban, si necesitaban cerrar una operación.

Tarde o temprano, vamos a tener que acostumbrarnos a que una gran cantidad de información nos llegue a través de nuestros colaboradores y que sean ellos quienes tengan que captar y transmitirnos las señales del contexto.

Incluso, para no perder ese contacto directo que se va diluyendo con el tiempo, vamos a tener que crearnos situaciones específicas que nos pongan en contacto con clientes y proveedores para mantener actualizadas nuestras interpretaciones del negocio. Por ejemplo, si antes el trato con los clientes era directo y se producía en cada venta, ahora tendremos que buscar otras formas de mantener la comunicación con ellos para averiguar lo que está pasando. Tal vez debamos visitarlos, ya no para venderles sino para observar cómo usan nuestro producto o servicio. Lo importante es que, ante el alejamiento de todas esas fuentes de información, estos escenarios deberán crearse especialmente para buscar señales de primera mano.

En el ojo del huracán

En esta etapa, el crecimiento exige todos los recursos posibles: capital de trabajo, capacidades, dedicación del personal y, principalmente, *tiempo del empresario.*

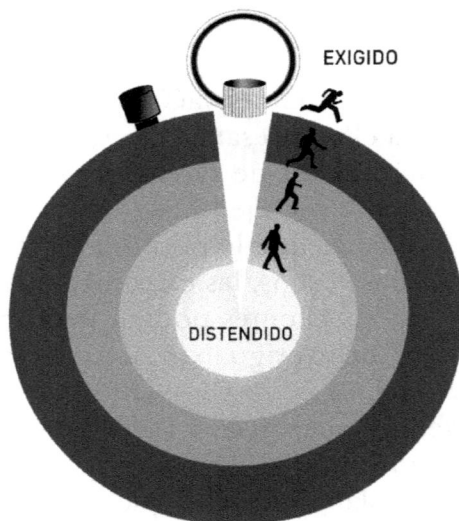

De a poco, entra en un torbellino que arrastra todo, en un tobogán que toma velocidad y en el que su tiempo es cada vez más solicitado. Las charlas y los momentos de análisis desaparecen. El empresario tiene que resolver primero lo urgente para luego determinar cuánto tiempo le queda para ocuparse de lo importante. En la medida en que todo le demanda más, debe empezar a priorizar. Sin embargo, entre todas las voces que le dicen lo que tiene que hacer, no se impone la de las cosas importantes porque estas no gritan más fuerte que las demás. Entonces, responde principalmente a las demandas inmediatas: una entrega con la que no se llega a tiempo, un problema de calidad, un insumo faltante que retrasa compromisos ya adquiridos, etcétera.

La "multiplicación" pasa a ser el nuevo mandato y, por el momento, la abundancia va compensando los problemas que surgen por la falta de prolijidad en las operaciones. Si hay menos tiempo para analizar y reformular, si los apuros obligan a ser menos meticulosos, estas deficiencias se contrarrestan con la magnitud que el negocio va adquiriendo.

Los riesgos de la etapa

Pero estos éxitos impiden percibir los inmensos riesgos que afrontamos en este momento. Al analizar las causas de cierre de empresas en este período, observamos que la etapa presenta tres frentes de peligro.

El primero es la *excesiva diversificación*. En todos los ambientes que frecuenta, tanto laborales como sociales, este empresario manifiesta su poder de logro y se transforma en un imán poderoso. Quienes lo rodean tratan de asociarse a esa capacidad de éxito y le proponen nuevos negocios. Los proveedores lo estimulan, llevándole casos que no aprovechan sus competidores; los clientes, conformes con su desempeño, le piden una amplitud mayor de productos o servicios –"Yo quiero un solo proveedor para todo este conjunto de necesidades"–; y hasta los amigos llegan a él con propuestas tentadoras. Para el empresario es difícil rechazar estos ofrecimientos; en general son ideas cercanas a lo que ya está haciendo y tiene la sensación de que ocuparse de eso no le demandaría mucho más. A veces, estas propuestas son indicadores importantes del reconocimiento de los otros. Pero la realidad es que tantas puertas abiertas pueden erosionar el foco que tenía el empresario y terminar hiriendo de muerte a la empresa. De las pymes que cierran en la etapa de expansión, un *10%* lo hace por diversificación excesiva.

El segundo y el tercer frente tienen que ver con los *importantes desfase entre lo financiero y lo económico*[2]. En sus comienzos, el empresario no recibía créditos y, por esa razón, la cuestión financiera no tenía peso en el negocio. Como el crecimiento suele traer nuevas posibilidades de crédito, muchas empresas empiezan a trabajar con capital de trabajo negativo[3]. Pero esa disponibilidad de dinero puede resultar engañosa. Al estar acostumbrado a manejarse con la liquidez de caja, el empresario corre el riesgo de cometer errores –a veces irreparables–, tanto en la administración corriente del capital como en las inversiones. De aquí derivan los dos frentes de peligro a los que nos referimos.

Uno es la *resolución por disponibilidades*. Significa manejarse en función de la disponibilidad de pago en el momento en que se toma una decisión. Estas disponibilidades pueden transformarse en un mayor impulso del negocio a través de la compra de stock a crédito o la financiación a clientes. Ante un crecimiento acelerado, ese desfase no genera problemas; si el crecimiento disminuye o la facturación se estabiliza, empiezan a aparecer dificultades. Cuando la facturación baja, este desfase puede resultar catastrófico. Un *33%* de las empresas que cierran en la presente etapa lo hacen por esta mala administración.

---

2 Nos referimos a lo económico como el resultado de lo devengado y a lo financiero como las disponibilidades de caja por cobranzas y pagos.

3 Llamamos capital de trabajo negativo a la posibilidad de deber más de lo que tenemos disponible. Este fenómeno mejora la liquidez cada vez que crecemos, la equilibra en la estabilidad y la complica fuertemente en las caídas de facturación.

El otro frente es el *desequilibrio entre capital e inversión*. Es un motivo de cierre para el *22%* de las empresas que fracasan en esta etapa. Se produce cuando la inversión –en locales, en equipamiento, en inmuebles, etc.– crece por encima de la capitalización posible.

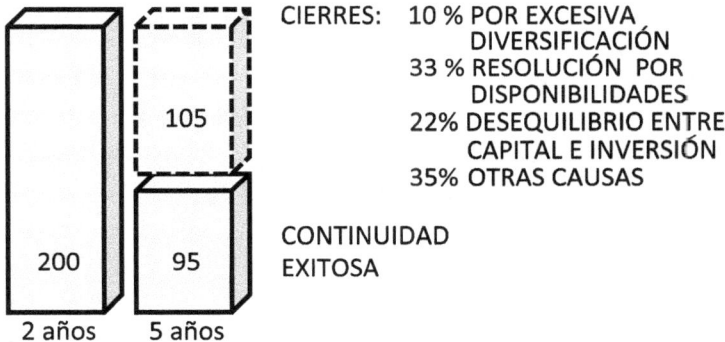

CIERRES:
- 10 % POR EXCESIVA DIVERSIFICACIÓN
- 33 % RESOLUCIÓN POR DISPONIBILIDADES
- 22% DESEQUILIBRIO ENTRE CAPITAL E INVERSIÓN
- 35% OTRAS CAUSAS

CONTINUIDAD EXITOSA

105

200 — 2 años

95 — 5 años

La trampa de las señales inmediatas

En esto, el juego de "frío, tibio y caliente" que era efectivo en la etapa anterior empieza a funcionar en su contra, porque es como si lo guiaran dándole la respuesta después de varias jugadas. De hecho, muchos de los resultados que a partir de ahora aparecen en la empresa son de efecto retardado. La inmediatez desorienta e impide ver lo que sucede. Por otra parte, algunas de estas señales son incrementales y se advierten solo cuando adquirieron una dimensión difícil o hasta imposible de controlar.

En la etapa de expansión, el empresario es reticente a pedir ayuda, no solo por la férrea confianza en sí mismo, sino también por la creencia de que hacerlo le quitaría méritos. En este momento, busca más el reconocimiento personal que su valor como líder de la empresa, por eso prefiere aparecer como autor y actor de lo que se logra más que como la persona que conduce la organización hacia esos mismos resultados. Nuestra hazaña es demostrarnos a nosotros mismos y a los que nos rodean que todo aquello que ven es un producto exclusivo de nuestro esfuerzo y nuestra habilidad.

La empresa tiene ritmo propio

Al mismo tiempo, esta empresa que se estuvo gestando empieza a cobrar "vida propia". Antes éramos nosotros los que impulsábamos los acontecimientos; ahora, los hechos se producen como resultantes de una organización que va adquiriendo un ritmo propio. Por ejemplo, un colaborador nos avisa de que tenemos que decidir "ya mismo" la compra de un insumo para la próxima temporada o que debemos tomar compromisos para cumplir con órdenes de compra ya pautadas. Ahora es la empresa la que marca los momentos de decisión. Esto constituye los primeros síntomas de que algo tiene velocidad y nos exige tomar resoluciones. Lo que nuestro entorno percibe con naturalidad, a nosotros puede producirnos vértigo.

¿Qué aspectos del perfil empresarial comienzan a cambiar?

- **La visión**: aunque todavía poderosa, empezará a estar menos actualizada. Nuestros tiempos no pueden volcarse a explorar porque son requeridos para resolver cuestiones más urgentes. Por otra parte, si hasta ahora actuábamos al mismo tiempo que íbamos interpretando el contexto, en esta etapa empieza a ser necesario desarrollar una estrategia que nos permita estructurar métodos para llevar a cabo nuestra visión.
- **La ejecutividad**: se ve afectada ya que las tareas que delegamos en otros se realizan con menor efectividad que cuando las asumíamos personalmente.

Pero, como el crecimiento es exponencial, nos sigue pareciendo conveniente aceptar estos desvíos. De cualquier modo, necesitaremos desarrollar la capacidad de conducir de los integrantes de nuestra organización para corregir estos problemas de efectividad.

• **El protagonismo**: aunque ya han surgido los primeros síntomas de peligro debidos al ritmo de la empresa y a los inconvenientes que aparecen, este poder de transformación está en su máxima potencia. Sin embargo, en esta etapa el empresario tiene un pensamiento lineal: cree que siempre seguirá creciendo como creció hasta ahora y siente que ganar territorios no le demandará nuevas obligaciones.

¿Cómo cuidarnos de los peligros de esta etapa?

Excesiva diversificación

El mismo cliente que hoy nos aprueba y nos compra cada día irá exigiendo más. Del mismo modo, los proveedores para los que hoy somos una posibilidad de ventas terminarán pidiendo determinado nivel de compras para mantenernos las condiciones, y así, cada uno irá pidiendo algo más o algo diferente. La tentación de ceder indefinidamente a los requerimientos es muy grande; no nos gusta decir que no, nos da miedo que nos dejen de comprar o proveer, y si, además, nos cuesta salir a vender, tendemos a crear y modificar productos y servicios a demanda. La única manera de cuidarnos de la diversificación a la que llegaríamos es definir nosotros mismos el perfil de negocio y ceñirnos a él.

Si bien es cierto que gracias a la capacidad de escuchar e interpretar la verdadera demanda del mercado se logró la inserción y continuidad del negocio, ahora es necesario consolidarlo sin diversificar en exceso porque cada producto, servicio, tipo de cliente o canal de venta que incorporemos requerirá atención y actualización. Hoy, eso no ocurre porque venimos de crearlos recientemente y todavía estamos a tono con el mercado, pero muy pronto necesitarán actualizarse porque son perecederos.

En esta etapa, la clave fundamental, lo que determina la capacidad de sobresalir que alcancemos a futuro es *renunciar* hoy. Hay que desistir de crecer en amplitud de negocio y dedicarnos a la profundización y diferenciación que hemos elegido. Esto significa que nosotros ponemos el límite, no el mercado. Si un médico excelente en su especialidad se dedicara a atender las consultas que sus pacientes, con la confianza que les inspira, le hacen sobre otros campos de especialización, sin poner límites, nunca lograría ser una eminencia en lo que inicialmente eligió.

Resolución por disponibilidades y desequilibrio entre capital e inversión

Ambas cuestiones se vinculan con lo financiero. En nuestros comienzos, como nadie nos da crédito, lo económico y lo financiero van de la mano. Pero con el tiempo comienzan los desfases entre uno y otro. A partir de determinado momento, manejarnos con las disponibilidades de caja es un engaño si pensamos que podremos afrontar compras que muy pronto terminarán ahogándonos.

Lamentablemente, muchas veces recibimos sugerencias poco prácticas para enfrentar estos desajustes, por ejemplo, cuando nos aconsejan separar el impuesto al valor agregado en cada cobranza para afrontar su pago cuando llegue el momento: ¡esto es prácticamente imposible!

El dinero es el mismo para cualquier uso. Entonces, para servirnos de él en forma adecuada, debemos tener en cuenta dos pautas.

En primer lugar, no podemos invertir más allá de nuestras ganancias y a estas las conocemos por la "cuenta de almacenero" que hacemos en esta etapa: cada fin de mes sumamos lo que tenemos, más lo que nos deben, menos lo que debemos, y vemos cuánto hemos incrementado nuestro capital.

En segundo lugar, el dinero debido y el que nos deben tienen que alcanzar montos similares, de lo contrario –si es mayor el ítem de deudores por ventas– tenemos que tomar la diferencia como parte de la inversión (una vez más: ¡no se puede superar las ganancias!).

Más adelante, la complejidad de las cuentas corrientes nos obligará a una toma de decisiones más sofisticada y probablemente necesitaremos contar con el resultado económico, el estado patrimonial y el flujo de fondos, pero por ahora alcanza con los cuidados que acabamos de describir.

Más allá de la expansión

Mientras tanto, la empresa crece el 50, el 70 o más del 100% anual.

En la vorágine, empiezan a aparecer algunos desajustes:

- una entrega que no se facturó,
- un remito que se extravió,
- un insumo que no debería haberse aceptado.

¡Cosas que antes no pasaban!

Para continuar creciendo, el empresario decide tomar algunas medidas y con ello se introduce en una nueva etapa empresarial.

ETAPA DE ESTRUCTURACIÓN

- De la aventura a la formalidad
- Las dos señales que marcan el comienzo de la etapa
- La empresa "en persona"
- O saben o cumplen
- Solo a la hora de decidir
- De "costo-beneficio" a facturación y ahorro
- El control financiero ya no es tan simple
- Alejamiento de los empleados
- Intentos de delegación
- Los tres desafíos de la etapa de estructuración
- Con más problemas y sin buscarla, sobreviene una nueva etapa

De la aventura a la formalidad

Ya curtido con el vértigo de la expansión, el empresario comienza a observar las operaciones de la empresa con un pensamiento que se le hace cada vez más reiterativo: "Esto necesita un orden".

Con esa idea como mandato principal, inaugura una nueva etapa y decide, por fin, pedir ayuda.

En realidad, él podría solucionar los problemas solo, como lo venía haciendo hasta ahora, pero sus limitaciones de tiempo personal se lo impiden. Por el momento, la ayuda que va a pedir es puramente instrumental –no estratégica–, pero sin que él lo sepa, va a dar el primer paso hacia un cambio mayor: a medida que solicite colaboración en más y variados temas, pasará de ser el autor de todo lo que pasa en el negocio a ser el coordinador de las diferentes especialidades. De a poco, modificará su lugar y empezará a *ser el líder* de una empresa que tiene identidad propia.

Las dos señales que marcan el comienzo de la etapa

¿A quién le pide ayuda en primer lugar?: al contador. Sí, al mismo contador que antes casi no atendía y al que trataba de evitar porque venía con consejos y explicaciones que le quitaban tiempo para otras cuestiones urgentes. Ahora lo invita a conversar en su oficina y le pide que organice algunos circuitos y procedimientos para sistematizar un orden, tener un mejor control y evitar los desajustes que últimamente viene observando.

Paralelamente, la empresa ha alcanzado una magnitud importante, incluso económica, y como este crecimiento requiere más espacio, el empresario decide realizar una mudanza.

La *consulta al contador* y la *mudanza* son dos acciones muy comunes en el comienzo de la etapa de estructuración.

En este período se dividen tareas, se implementan métodos y procedimientos, se definen circuitos, se incorporan planillas de registro y soluciones informáticas. Poco a poco, la empresa se vuelve más formal.

La empresa "en persona"

Si en la etapa anterior gran parte de la imagen era una mera escenografía, ahora todo eso es cierto. *La imagen se materializó en una empresa real, con cuerpo propio, con una estructura concreta y formalizada.* Sus integrantes la reconocen con toda naturalidad, como si siempre hubiera existido. Hasta nosotros, que a esta altura ya somos empresarios, la vemos así.

Por ejemplo, el nombre de la empresa ya es usado por empleados, proveedores, clientes y por nosotros mismos para darle al negocio una identidad propia. Se la personifica como si fuera un individuo más y decimos: "el negocio necesita tal cosa", "la empresa tiene que cambiar tal otra".

O saben o cumplen

Pero esta estructura que funciona por sí misma necesita todavía retoques y actualizaciones. Como el negocio sigue creciendo –en gente, productos, servicios, opciones…–, las reglas se vuelven rápidamente obsoletas y se hace necesario reformularlas.

Además, es difícil conseguir que todo el personal se ajuste a los mismos métodos. Los empleados "históricos", aquellos que están en la empresa desde los comienzos y acostumbran trabajar sin circuitos ni procedimientos, no se ajustan fácilmente al orden, les cuesta encarrilarse. Los nuevos en cambio cumplen las normas, pero tardan en asimilar lo que no está explícito, lo que los históricos entienden sin palabras y que, en esta etapa, es mucho. Todo esto nos coloca en la necesidad de empujar las operaciones y retocar permanentemente lo que hace el personal, para que las cosas salgan bien.

Solo a la hora de decidir

Con este mayor tamaño, el empresario se enfrenta a nuevos dilemas, muchos de los cuales no son fáciles de resolver. Por ejemplo, si quiere mejorar la gestión de stock porque tiene cada vez más producto inmovilizado, pero a la vez se le generan faltantes, vuelve a consultar al contador. El contador le aconseja codificar todos los artículos y cargarlos en un sistema. El empresario piensa: "Esto es genial, porque así la computadora va a largar los pedidos y se va a disminuir la inmovilización". Parece lo más conveniente, pero como implica un cambio importante, se le ocurre consultarle también a un vecino ingeniero que maneja la logística de una gran empresa: "No, no hagas eso. Tu negocio va a terminar buro-cratizándose sin necesidad, es preferible hacer una evalua-ción ABC, resulta más simple".

Ingeniero y contador, dos especialistas, tienen opinio-nes contrapuestas. A esto se suma la diversidad de opiniones que nos dan los proveedores, especialmente entrenados, que nos ofrecen ventajas y argumentan para demostrarnos que su propuesta es la mejor. ¡Y son tan convincentes que termi-namos sin poder diferenciar si lo bueno es el vendedor o el servicio por comprar!

Sentimos el mismo desconcierto que ante algún diag-nóstico médico, cuando consultamos por las dudas a otro especialista que nos da una indicación totalmente contraria a la del primero. ¿Qué hacer? Hay algo ineludible: nosotros, que no somos ni médicos ni especialistas, *tenemos que decidir*.

El empresario se transforma en "juez" de esas opinio-nes "expertas" sobre su empresa y debe dictaminar si los consejos se adecuan realmente a su caso. Al mismo tiempo se convierte en "mediador" de las sugerencias que le propo-nen los "expertos" internos, los de los distintos sectores de la propia empresa. Muchas de estas proposiciones afectan de manera desigual a una u otra parte y él debe interme-diar, por ejemplo, entre lo que sugiere el contador y lo que plantea el responsable de ventas, cada cual por su lado.

De a poco, la efectividad comienza a deteriorarse. Como no podemos tener todo en la cabeza, las decisiones ya no están centralizadas. Los cuatro elementos que antes considerábamos para tomar resoluciones efectivas –capaci-dades, recursos, oportunidades y réditos– se diseminan en distintos lugares de la organización.

De "costo-beneficio" a facturación y ahorro

Lograr un equilibrio entre costo y beneficio ya no es sim-ple. Entonces, reemplazamos esa evaluación directa que hacíamos respecto de distintas decisiones por dos fórmulas separadas: una, la de "facturar más", que traíamos de la etapa anterior, y la otra, la de "ahorrar" o "cuidar el gasto", que se incorpora en este momento. Esto quiere decir que los dos aspectos que antes equilibrábamos para lograr efectividad empiezan a separarse como si se tratara de dos cuestiones diferentes: por un lado se busca la eficacia (vender) y por otro, la eficiencia (ahorrar). Ya no se intenta conseguir el mejor equilibrio entre ambas. Incluso, en muchos casos se parte la empresa tras estos dos objetivos: quienes están en la parte comercial solo parecen preocupados por las ventas; en cambio, los administrativos se muestran insensibles a cualquier propósito que no sea ahorrar.

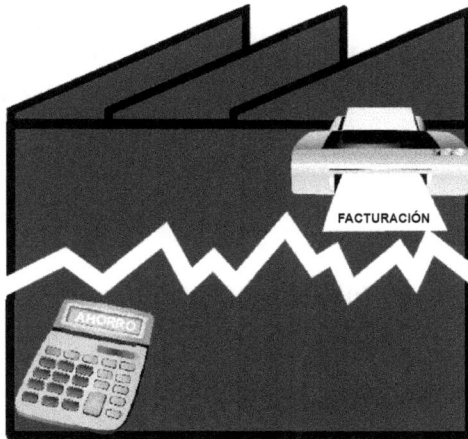

Los empleados viven esto de distintas maneras. Para algunos, la consigna de cuidar el gasto se interpreta como controlar todo y tratar de ser prolijos en lo que hacen. Trabajarán, más que nada, para *no equivocarse* en vez de hacerlo para *lograr un resultado.* Y ante los errores que de todos modos terminarán apareciendo, mostrarán que están preocupados por los problemas, que ponen todo lo que pueden en la empresa –aunque no siempre aporten realmente soluciones– y que trabajan más horas, sean o no necesarias, quedándose hasta tarde. En esta etapa, la energía fundamental de los empleados está dirigida a *mostrar*.

Por otra parte, las tradicionales escuelas de negocios también inducen a pensar que lo más importante es ahorrar en vez de priorizar la contribución por producto o servicio, que en definitiva es lo que constituye la verdadera creación de valor. La imposibilidad que tienen muchas empresas de desarrollar este aspecto del negocio alienta las diversificaciones, que terminan disminuyendo el dominio y por consiguiente afectando a la rentabilidad.

No es la evitación del error el camino de mejora. La productividad nunca está exenta de errores. Si algo se repite sistemáticamente en una función, podemos estar frente a un síntoma a mejorar; en cambio, si aparece en forma esporádica el desvío debe tomarse como error, pero atacarlo puede significar caer en sistemas burocráticos y apagar la iniciativa, sin mejorar la rentabilidad. Aceptar el error implica no pegarnos al árbol (la anécdota) y seguir mirando el bosque.

El control financiero ya no es tan simple

A estas dificultades se agrega el hecho de que el resultado general del negocio ya no es fácil de calcular. Una forma excelente que hasta ahora teníamos para juzgar la evolución de la empresa era la ya mencionada "cuenta de almacenero".

Pero este método se muestra cada vez más difícil de aplicar. Necesitamos incluir amortizaciones, anticipos a proveedores, anticipos de clientes, pagos puntuales de alcance para períodos mayores que el analizado, cuentas corrientes o bancarias sin conciliación en tiempo real, percibido y devengado, existencias con materias primas, insumos, semielaborados, producto terminado, casos de elementos observados por calidad, reservados, incompletos, etcétera.

Entonces, como consecuencia de la complejidad que trae el aumento de tamaño, reemplazamos la "cuenta de almacenero" por la noción de "capital de trabajo" –o "patrimonio corriente"– que nos aportan los contadores. Esto requiere una técnica más compleja que ya no podemos implementar nosotros mismos.

Mientras tanto, los acontecimientos se suceden con ritmo propio y nos obligan a tomar decisiones. Este vértigo que se había producido al promediar la etapa anterior se profundiza e incrementa. La frecuencia de decisiones que hay que tomar se acelera sin darnos tiempo para reaccionar en forma adecuada: o bien tomamos las decisiones, o bien los hechos resuelven por sí mismos. Es necesario ajustarse a la velocidad de las cosas porque las decisiones que no se toman, ya sea por demasiado análisis o postergación, contribuyen al deterioro de la empresa, aunque a nosotros nos muestren más precavidos o inteligentes. Es preferible equivocarse rápido, pero decidir y probar.

Alejamiento de los empleados

Unos seis meses después de comenzada la estructuración aparecen las primeras señales de *desmotivación del personal*. En los períodos anteriores, el hecho de trabajar codo a codo con los empleados era suficiente para sostener su compromiso. Pero en la actualidad nuestro tiempo de contacto es mucho más limitado. La mudanza acentuó esta situación al crear una distribución del espacio que nos distancia; ahora tenemos una oficina separada. Este cambio que para nosotros no intercede en la relación con el personal es percibido por él como un alejamiento.

Hay señales de que la gente está diferente: los que antes no ponían limitaciones en el horario ya no tienen disponibilidad para quedarse después de hora ni un solo día y mucho menos para trabajar un sábado medio día. La empleada de siempre, nuestra "mano derecha", que más de una vez puso provisoriamente dinero de su bolsillo para pagarle a algún proveedor, ahora está con cara larga y de mal humor si nos demoramos dos días en liquidarle el sueldo.

¿Qué está pasando? ¿Acaso no seguimos siendo los mismos?

Lo que pasa es que ellos se dieron cuenta antes que nosotros de que ellos son *empleados* mientras que nosotros somos *empresarios*.

No es el primer síntoma de soledad empresarial. Esto había comenzado en la etapa anterior, cuando nos fuimos alejando de nuestro entorno social porque evaluábamos de distintas maneras el contexto y sus posibilidades. En ese momento, sin embargo, nuestra gente interna paliaba esa soledad. Pero ahora también ellos se distancian. Esta realidad nos impacta fuertemente y tratamos de atenuarla con algunos artilugios: pagándoles sueldos que nadie pagaría, dándoles participación sobre los resultados del negocio, incluso habilitando a algunos en condición de socios. Son artilugios, porque estos mecanismos no resuelven el problema de fondo, simplemente lo mitigan y, por lo general, provocan complicaciones a futuro.

Pero entonces, ¿debemos resignarnos a tener gente que no esté motivada? No, de ninguna manera. El hecho es que estamos ante otro desafío empresarial: la necesidad de desarrollar una nueva manera de conducir, que no había sido imperiosa en las etapas anteriores.

Intentos de delegación

En este período, el crecimiento de la empresa y su dinámica nos desbordan. Muchas de las tareas que antes teníamos a cargo deben pasar a otras manos. Empezamos, pues, a buscar métodos para delegar, porque no es cierto que a los empresarios de pequeña o mediana empresa no nos guste

delegar. Lo que sentimos es que no encontramos gente adecuada, gente con *criterio* a la que delegar en confianza.

Aparecen diferentes *modalidades de delegación*: la ejecutiva, la aristocrática y la analítica.

La modalidad *ejecutiva* es aquella en que el empresario
se para en el centro del negocio como un sol alrededor del
cual giran todas las decisiones. Les dice a los empleados:
"Mientras las cosas sean normales, ustedes resuelvan solos y
cuando aparezca una excepción consúltenme".

Este método, aunque efectivo, tiene sus limitaciones.
Por ejemplo, una mañana, vamos a la empresa pensando
en resolver varias cosas importantes. Al llegar nos ataja un
encargado con un problema, después entra otro a nuestro
despacho pidiendo directivas por un inconveniente con un
proveedor, suena el teléfono interno y es la secretaria que
no sabe cómo resolver un pedido del banco, luego viene el
contador a consultar por un formulario. Y así pasamos todo
el día atendiendo problemas urgentes. Cuando nos vamos,
sentimos que las cosas nos manejaron a nosotros y que la

única manera de alcanzar a resolver los asuntos importantes es disminuyendo aún más el tiempo que pasamos con nuestra familia.

La modalidad *aristocrática* se instaura cuando tomamos a un profesional calificado y con experiencia para que organice algún área de la empresa. Pensamos, por ejemplo: "Ahora que podemos, tomemos a alguien que se ocupe del área comercial, paguémosle lo que corresponde y que lo haga con autonomía y efectividad". Cuando conseguimos al "candidato perfecto", con título universitario y experiencia específica en el rubro, sentimos que por fin encontramos a alguien que nos comprende, que habla como nosotros, que "tiene nivel".

Pero, un buen día, el nuevo empleado-salvador aparece con un planteo:

—*Mira, yo puedo hacer crecer las ventas como te dije, pero con estos vendedores...*

—*Tú decides, ¡cámbialos!*

—*Sí, pero con estos sueldos no vamos a conseguir gente mejor, vamos a necesitar pagar un mínimo de...*

Sabemos interiormente que esto va a complicar la relación con las otras áreas de la empresa y empeorar los costos, pero igual aceptamos. Al poco tiempo, el empleado vuelve a la carga: "Mira, esto de 30 días de financiación, no va más. Ahora el mercado exige 30, 60 y 90".

Así es como este responsable comercial, en lugar de aprovechar su experiencia para mejorar las ventas, empieza a usar a la empresa para justificar su gestión. En vez de adecuarse al negocio, exige que todo se acomode a él. Y en cierta medida nos hace sentir siempre en deuda, como si no consiguiera mejores resultados porque la empresa no alcanza el nivel que él necesita. Cuando uno conversa con un personaje como este, parece que lo bueno sucedió en empresas anteriores y que a esta le falta tecnología, profesionalismo, criterio empresarial. Y a medida que perdemos la expectativa en su gestión, nos damos cuenta de que es un quejoso que justifica su falta de capacidad sugiriendo imperfecciones ajenas.

Otra modalidad de delegación es la *analítica*. El empresario instaura métodos, procedimientos y sistemas, confiando en que si cada uno hace el trabajo completo y correcto todo andará bien:

> —*Cuando llega el camión, primero tienen que hacer un recuento de la mercadería, después la clasifican llenando estos formularios, recién ahí la descargan y finalmente firman la entrega.*
>
> —*A medida que van llegando los cheques, se saca una copia indicando procedencia, se arma la lista con fecha de depósito y de acreditación, se ordenan cronológicamente en la carpeta, así no se saltea ninguno.*

Este estilo también tiene sus inconvenientes, ya que los procesos resultan útiles como herramientas, pero no son soluciones en sí mismos. No es extraño, por ejemplo, que después de haberse comprometido con un cliente respecto de un insumo –disponible según la computadora–, descubra que se encuentra agotado. Para averiguar en dónde se originó el error, llama al empleado de despacho. Como no lo satisfacen sus explicaciones, continúa con el de compras, que aparece con un cuadernito que él le dijo mil veces ¡que no usaría más! Así sigue llamando y escuchando explicaciones que cada vez lo ponen más nervioso, hasta que por fin decide que "en otro momento" va a seguir investigando. Todos saben que no va a tener tiempo. Es de este modo como las cosas se resuelven solo parcialmente.

Los tres desafíos de la etapa de estructuración

Con menos tiempo, con una diferente distribución del espacio y con una empresa de la que ya no caben dudas de que es realmente una empresa, este período de formalización supone tres desafíos. Y lo más probable es que no lleguen a solucionarse de la mejor manera, aun cuando el empresario crea que los está resolviendo. Lo que sucede es que estos retos *requieren un profundo cambio de enfoque* y hasta que esto no suceda, sus efectos se van a arrastrar en las etapas subsiguientes. Estos tres desafíos son los que siguen.

1. **Aceptación de la soledad empresarial.** Más adelante veremos en detalle cómo se manifiesta, se experimenta y se resuelve este camino de soledad que comienza en la etapa de expansión y que perdura durante todo el transcurso de la vida empresarial (Apartado "Soledad empresarial"). Hay que tener en cuenta que es aquí cuando el empresario registra y padece como nunca la soledad, fundamentalmente a partir del alejamiento de los empleados. *De su capacidad para resolver este sentimiento van a depender cuestiones como la autoridad legítima a futuro y el liderazgo en la toma de decisiones.*

2. **Delegación efectiva.** En esta etapa tiene que ensayar indefectiblemente alguna forma de delegación. Según sea su estilo, va a priorizar la forma ejecutiva, la aristocrática o la analítica. Cada una de estas modalidades tiene sus limitaciones y aunque le va a aliviar en parte su falta de tiempo, le va a traer problemas por otro lado. Sin embargo, existen formas que permiten delegar con efectividad y que hacen también que la gente desarrolle criterio, autonomía y compromiso en su función, las cuales veremos más adelante (Apartados "El metabolismo" y "Objetivos medibles").

3. **Enfoque sistémico de la organización.** En esta etapa arma e implementa algún organigrama dividido por especialidad de tareas, con la suposición de que

si cada sector cumple bien con lo suyo el resultado del conjunto va a ser bueno. Considera que esta "debe ser" la mejor forma de organizar, sin saber que está armando "quintas": cada uno va a cuidar la prolijidad de su sector, desatendiendo los resultados que necesita el negocio, y el empresario tendrá que intermediar permanentemente entre los diferentes sectores. Para superar las dificultades de estas divisiones es necesario ver a la organización como un conjunto sistémico. Hasta que no asumamos esta perspectiva, estaremos tapando agujeros. Más adelante desarrollaremos una forma de organización (Apartado "Las funciones del negocio") que permite que todos trabajen con autonomía y compromiso, en concordancia con los objetivos del negocio.

Con más problemas y sin buscarla, sobreviene una nueva etapa

Mientras tanto, los problemas crecen, la estructura crece, los enredos comienzan a crecer.

Además, con una facturación importante, difícil de mantener por momentos, la rentabilidad ha comenzado a desaparecer. Ahora el crecimiento y la expansión han dejado de contrarrestar la falta de efectividad.

Hemos entrado en la etapa de complejidad.

ETAPA DE COMPLEJIDAD

- Atrapado en un laberinto
- Todo está relacionado con todo
- "Haz lo que yo digo"
- Nadie nos comprende
- Dificultad para sostener el nivel de facturación
- Duplicando el esfuerzo
- Posiciones encontradas
- La explicación de los problemas
- Inercia de la empresa
- La mayoría supera este período
- Espíritu empresarial
- El empresario es el camino

Atrapado en un laberinto

Esta etapa, a diferencia de las anteriores, no es inaugurada ni decidida por el empresario: se le viene encima. Y son tantos los problemas que encuentra en este momento que, si le preguntáramos qué siente, diría: "¡En qué me metí!".

Sin embargo, a pesar de verse atrapado, él no llegó hasta aquí por casualidad ni porque las cosas se le fueron dando, sino por su propia capacidad empresarial. Las empresas con más de cinco años de vida tienen mucho menos mortandad que las que recién empiezan.[4] Esto quiere decir que si hemos llegado hasta este punto es porque logramos superar con éxito los obstáculos que aparecían.

---

4   De cada 1.000 emprendimientos que se inician, a los dos años funcionan 200 empresas, a los cinco años, 95 y luego de 15 años, 52.

La etapa que se nos viene es difícil, pero no es más que otro paso en la vida empresarial. Y como las otras, esta también *tiene una salida.*

Todo está relacionado con todo

Los problemas aparecen por todas partes y están siempre relacionados entre sí. Cuando tratamos de detectar la causa de un error, nos encontramos con una maraña de hilos que no podemos desenredar. Incluso, más de una vez, al buscar la solución llegamos nuevamente al punto de partida. Es ese típico fenómeno de circularidad que tienen los sistemas complejos.

Por ejemplo, en una situación en que tenemos que intervenir en un problema de calidad por el llamado de un cliente, el encargado de Producción nos explica que Ventas le cambió las especificaciones a último momento, el de Ventas dice que los de Calidad le avisaron que habían formulado con otro insumo, los de Calidad argumentan que el encargado de Compras informó que no se podía usar más el insumo anterior, el de Compras señala que se trata de un proveedor que no nos entrega por problemas de pagos, el contador declara que el dinero no alcanza para todo porque las cuentas corrientes se extienden por problemas de ventas y agrega que, además, nadie le avisó que ese pago era imprescindible.

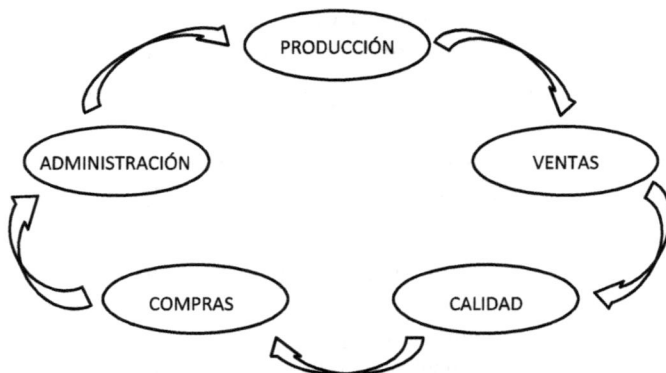

Así, los problemas se van sumando y potenciando entre sí, y no encontramos el modo de aislarlos ni de fragmentarlos para hallar soluciones. No es que fallemos al establecer la causa de cada inconveniente, sino que todo es multicausal y entrar en cada hecho nos obligaría a abrir un abanico de nuevos problemas.

"Haz lo que yo digo"

De a poco, nos vamos transformando en quejosos permanentes y nuestra gente en "explicadores profesionales".

Con el tiempo, caemos en un comportamiento incongruente: por un lado, sostenemos un discurso *dogmático* y hablamos de cómo las cosas "deberían ser". Por otro, nos manejamos de un modo *pragmático,* resolviendo como podemos cada caso en particular. Nuestras acciones van en contra de nuestro discurso, pero las justificamos con frases como "bueno, por esta vez hagámoslo así".

Por ejemplo, ante un compromiso de entrega, el empresario se entera a último momento de que hubo un control mal realizado. Aun sin tener seguridad respecto de la calidad del producto, tiene que realizar la entrega porque las consecuencias serán peores si se agrega una demora. Entonces la autoriza, diciendo que "por última vez" se va a entregar de esa manera. Al actuar así, es probable que la próxima vez que ocurra algo similar los empleados queden inmovilizados, sin saber si deben guiarse por lo que se hizo en ese momento o por la normativa de cómo se debería actuar.

El discurso dogmático tiene otra consecuencia negativa: los integrantes de la organización tienden a decidir cada vez menos, con tal de no equivocarse, quitando transparencia a los procedimientos y ocultando información sobre los desvíos, de todo lo cual nos enteramos demasiado tarde para solucionarlo. Y esto, a su vez, realimenta la percepción de que estamos solos a la hora de conseguir resultados.

A pesar de las consecuencias, nos negamos a abandonar ese discurso porque sentimos que si soltamos las riendas de cómo "deberían ser las cosas", nunca recuperaremos el rumbo que queremos para nuestra empresa.

Nadie nos comprende

Conforme a su naturaleza, el empresario no se queda quieto y sigue buscando soluciones, aunque lo propio de esta etapa sea que ya no es nada fácil solucionar un problema.

Cada vez que busca ayuda en asesores, consultores y bibliografía especializada, siente que los consejos son parciales, que quizás sirvan para otros casos, o que las respuestas son demasiado teóricas. A veces, ve que las alternativas que le presentan son inaplicables, no porque sean malas en sí mismas sino porque su propia organización es la que no puede llevarlas a cabo. Muchas de esas aparentes soluciones abordan solo algunos aspectos del problema y hasta tienen efectos negativos sobre otros. Por eso, lo único accesible por el momento es tratar de descubrir errores: nos esforzamos en encontrar al "culpable" de cada problema. Y esto hace que este escenario se transforme en una suerte de caza de brujas.

Nos sentimos *solos* y creemos que nadie más puede entender lo que nos pasa. Esta angustia indefinida no se puede compartir porque ninguna otra persona ve el panorama como lo vemos nosotros. Muchos dicen: "Si siempre pudiste", y confían en que vamos a arreglar las cosas con las mismas herramientas que venimos utilizando. Solo nosotros sabemos que estamos ante dificultades nuevas y que esas respuestas que los demás proponen no tienen el alcance suficiente para resolver el problema de fondo.

Dificultad para sostener el nivel de facturación

A todo esto se suma el hecho de que los clientes que siempre vinieron por recomendación, o por métodos de captación que hasta ahora funcionaron, ya no alcanzan para mantener los niveles necesarios de negocio. Ahora tenemos que invertir en nuevas acciones comerciales para incrementar las ventas. Inauguramos nuevos canales, mandamos vendedores donde no los teníamos, ponemos más publicidad, abrimos locales y hacemos todo eso con la sensación de que, si consiguiéramos un 20 o un 30% más de facturación, nuestra situación cambiaría por completo. No es así. Lo que no vemos es que, en todos los casos, la complejidad aumenta más rápido que el resultado.

Duplicando el esfuerzo

Mientras tanto, intentamos neutralizar los problemas redoblando el esfuerzo, tratando de hacer mejor lo que veníamos haciendo, agregando nuevas tareas a nuestra gente y sumando productos o servicios. Quienes ven tanto movimiento suponen que nos estamos llenando de plata. ¡Nada más alejado de la realidad! Lo cierto es que estamos echando leña al fuego: todo lo que ponemos se consume enseguida y el incendio es cada vez mayor. Si en este punto se nos ocurriera realizar aportes de capital, aun con un destino bien planificado, se los tragaría este monstruo difícil de dominar.

El aturdimiento de este momento no tiene nada que ver con el de la etapa de expansión. Allí las cosas tenían solución y veíamos en el futuro una situación mejor. Aquí, por el contrario, sentimos una caída sin dominio, que el futuro es incierto y que nosotros no provocamos los cambios, sino que las cosas se nos vienen encima. Durante la expansión veíamos en el mundo un mar de oportunidades, aquí vemos una tormenta de amenazas.

En este marco es difícil hacer un análisis riguroso, hasta de los hechos más simples y concretos. Por un lado, porque las causas son múltiples, y por otro, porque las informaciones son parciales y generalmente incompatibles; cada uno tiene su propia versión e interpretación de datos que deberían ser "objetivos", como por ejemplo los números del negocio. Si preguntamos cuánto se vendió el día anterior, nos dan tres cifras distintas; cada cual suma con un criterio diferente y llega a otro valor.

Quisiéramos parar el mundo, ordenarlo y volver a ponerlo en marcha, pero esto no es posible. Sin embargo, es necesario saber que esta *no es la etapa final sino una más de nuestra vida empresarial* y, como tal, tiene salida. Eso sí: es la única en la que a nosotros nos falta dominio. Por eso sentimos que el tamaño de la empresa nos envuelve, nos utiliza y nos zamarrea a su gusto.

La expresión que mejor describe lo que nos sucede en esta etapa es "pérdida de dominio", hemos perdido el dominio de la situación. Así como el empresario de la etapa de expansión siente que con cualquier viento puede orientar las velas para llevar la nave a destino, el empresario en la etapa de complejidad siente que su empresa está a merced de los vientos que soplan. Los clientes se creen dueños de negociar y exigir cualquier cosa, los proveedores imponen sus condiciones, quienes lo financian no dejan de maltratarlo. El empresario va de incendio en incendio y siente que lo único que hace es aguantar la situación con la esperanza de que tal vez algo externo le devuelva la paz.

Posiciones encontradas

Como las causas de esta situación son múltiples, al empresario le cuesta hacer un diagnóstico exacto de lo que pasa, que se explica mediante interpretaciones generales. Usualmente aparecen dos posiciones diferentes que, en los casos en que hay más de un socio, están personificadas en cada uno de ellos.

El socio *constructivo* dice: "Tenemos que ser más prolijos, fijarnos cuidadosamente en los negocios que tomamos y mirar con detenimiento cómo los hacemos".

El socio *visionario* responde: "No, lo que necesitamos es tomar más negocios porque con el mismo gasto de estructura la plata va a aparecer." "¡El tren de la oportunidad se va!".

Mientras el constructivo cree que la solución es la *eficiencia*, hacer las cosas a menor costo, el visionario cree en la *eficacia*, en aumentar la facturación. Estas ideas se van endureciendo, sin que ninguno tenga la certidumbre de lo que realmente haría si pudiera actuar con total libertad de decisión.[5]

Pero también, en un nivel generalizado, va apareciendo una interpretación resignada de los hechos. Y en esto hay mayor coincidencia entre los socios. La resignación se ve reflejada cuando el empresario piensa que tiene un tamaño medio no conveniente para competir en el mercado.

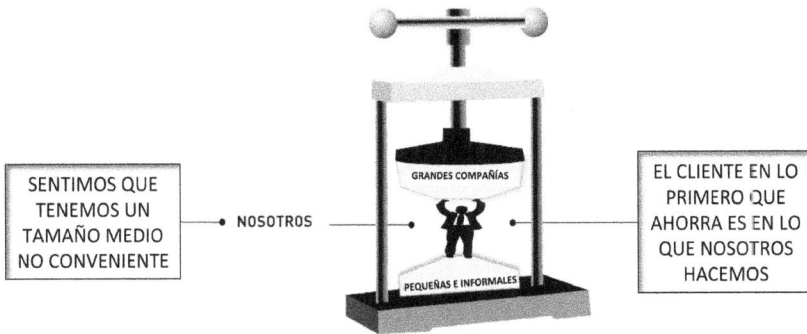

La explicación de los problemas

Tenemos un tamaño medio no conveniente.

Por un lado, siente que está en desventaja frente a las empresas chicas, que se comprometen con cosas que no pueden

---

5   En el Anexo I aparecen consejos específicos para compensar cada una de estas concepciones.

cumplir, pero que mientras tanto le hacen perder operaciones. Como son más informales y no tienen estructura, sus costos son imposibles de equiparar. Por otro lado, las grandes compañías también entran en la competencia. Antes no estaban interesadas en estos segmentos y ahora –aprovechando la imagen– cotizan con buenos precios porque, como tienen alta rentabilidad en otros negocios, aquí pueden trabajar a pérdida.

A esta percepción de la competencia, el empresario le agrega su evaluación sobre el contexto: "El mercado está recesivo y en lo primero que deja de gastar el cliente cuando no tiene plata es en lo que nosotros hacemos".

Después de un tiempo, empieza a pensar que lo acosa un mundo no ético, que los gobernantes no regulan ni protegen sus derechos y que nadie fomenta a las pymes ni realiza controles para evitar la informalidad. Siente que lo único que les interesa a los clientes es el precio y que compran barato aun sabiendo que los productos o servicios adquiridos pueden conllevar problemas futuros. La frase que refleja este sentimiento y que surge en muchas conversaciones es: "En *este* país…".

Hay otra suposición que demora su decisión de tomar medidas. Piensa que, si para él es tan difícil mantenerse a flote, los competidores –que ya para ese entonces percibe como "desleales", "sin conducta", casi la encarnación del demonio– no van a aguantar. Es decir que, por un lado, ve que juegan con reglas dudosas que les permiten alargar su existencia, y por otro supone que en algún momento van a quedar fuera de carrera. Más que pensar en ganar, imagina que los otros van a terminar perdiendo. Pero lo cierto es que si los actuales desaparecen, van a surgir nuevos competidores "difíciles" que tendrá que enfrentar.

Todas estas evaluaciones son fruto de *un punto de vista*, provienen del lugar desde el que está mirando los hechos. Cuando el empresario piensa de esta manera es porque *está sumergido en la complejidad.* Está viendo las cosas inmerso en un sistema caótico.

Los sistemas caóticos tienen su propia lógica,[6] desde la cual lo importante no es prioritario porque lo que manda es lo urgente. Y aunque pareciera que los sectores internos –los empleados– y los externos –proveedores y clientes– están conectados, en realidad cada cual piensa en sí mismo y todos priorizan su propia subsistencia. Por esa razón, el sistema funciona, pero sin un rumbo definido. Estos sistemas son caóticos porque, aunque tengan su propio orden, carecen de liderazgo.

Inercia de la empresa

Es en la etapa de complejidad cuando se advierte que la empresa está *presa de una inercia* particular. Esto desespera al empresario, él siente que está rodeado de personajes ineficientes, "lentos" y a veces insensibles. Pero esa inercia es la manifestación del propio *metabolismo* de la empresa.

Esto significa que, además de las personas que integran la organización, hay otro ser que es la empresa, con sus propias formas de pensar, actuar, reaccionar y cambiar.

La existencia del metabolismo se puede comprobar fácilmente cuando, por ejemplo, se encuentra a una persona con carácter y criterio: ideal para desempeñarse en algún puesto de la empresa. Al parecer, tiene todas las condiciones que necesitamos y entonces buscamos la forma de evitar que se "contagie" de los demás. Sin embargo, a los seis meses –o, como máximo, al año– ese empleado termina siendo uno más, perdiendo todas las cualidades que el empresario valoraba, actuando como los demás y mimetizándose.[7]

---

6   Véase el Apartado "Dominio".
7   En el Apartado "El metabolismo" se amplían estos conceptos.

La mayoría supera este período

La mayoría de las veces esta situación es transitoria, porque podemos impulsar soluciones y encontrar la salida hacia una etapa superadora.

Sin embargo, entre los cinco y los quince años de vida empresarial, hay casos que no han conseguido la continuidad. Si examinamos qué pasó con estas empresas, vemos que las causas de cierre que encontrábamos en la etapa de expansión se repiten, ahora con nuevos porcentajes.

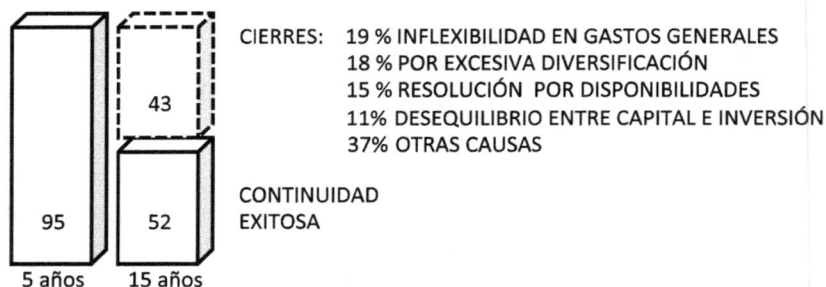

CIERRES: 19 % INFLEXIBILIDAD EN GASTOS GENERALES
18 % POR EXCESIVA DIVERSIFICACIÓN
15 % RESOLUCIÓN POR DISPONIBILIDADES
11% DESEQUILIBRIO ENTRE CAPITAL E INVERSIÓN
37% OTRAS CAUSAS

CONTINUIDAD
EXITOSA

43

95   52

5 años   15 años

Y además se agrega una causa que aparece como la principal en este período: *Inflexibilidad en los gastos generales: 19%*.

Los gastos generales son necesidades que no tienen contrapartida directa en los productos o servicios que comercializamos, son precisamente todos aquellos costos que no son directos. Mientras los costos directos aparecen y desaparecen en la misma proporción con que se genera demanda, los gastos generales –un alquiler, los sueldos y gastos de la supervisión de un sector, los servicios de Internet, el contador, nuestros honorarios como directores, entre otros ejemplos– funcionan con independencia de las fluctuaciones producidas en nuestra cartera de productos o servicios y de su correspondiente facturación. Por eso son mucho menos flexibles.

Todo esto indica que, *en este punto, es necesario tomar medidas*. La solución no va a venir sola, es el empresario quien va a llevar a la empresa hacia la siguiente etapa.

Y *debe actuar porque la demora en esta situación tiene consecuencias graves*. Por un lado, afecta materialmente: erosiona el patrimonio, daña la imagen y de a poco deteriora la calidad, los plazos y los compromisos.

Espíritu empresarial

Por otro lado –y esto es mucho peor–, el empresario pierde determinación. Disminuye esa capacidad de construir historia y de gobernar su futuro que lo caracterizaba. Llega incluso a descreer del protagonismo que tuvo en otras épocas, pensando que en realidad tuvo suerte y que aprovechó un momento en que los vientos le eran favorables.

Sin embargo, nuestra experiencia como consultores de empresas nos permite observar cómo, en un mismo rubro y en un mismo momento, mientras alguien en etapa de complejidad ve un panorama negro y sin posibilidades, otros que ya superaron esa etapa lo ven repleto de interesantes oportunidades.

Con el tiempo, el escepticismo puede llegar a calar hondo en el empresario. Comienza a tener un discurso de resignación y de víctima, culpando al contexto por sus dificultades y sosteniendo que el éxito de los otros se debe a que trabajan "por izquierda". Puede llegar un punto en que el retorno se hace difícil porque ese pensamiento se combina con cierta soberbia: él piensa y hasta desea que las soluciones no existan, para, por lo menos, mostrarse lúcido en su diagnóstico y tener razón. Nada tan peligroso, por su propiedad *autoprofética*, ni tan lejos de la realidad, porque existen soluciones.

El empresario es el camino

Usted es parte del camino. Aquí tiene que elegir *en forma urgente* entre el camino, por momentos complicado, de construir su futuro, o la explicación, generalmente tranquilizadora, de por qué no se puede.

Cuando la etapa de complejidad se nos viene encima es porque hemos sobrepasado el nivel en el cual nosotros, como empresarios, podemos manejarnos con soltura. La complejidad nos da la pauta de que estamos desafiando nuestro tamaño apropiado y nuestras capacidades naturales. El deterioro de los resultados señala que llegamos a nuestro límite virtual de crecimiento, al que llamamos Performance Empresarial Natural.

PERFORMANCE EMPRESARIAL NATURAL (PEN)

- Cuando se alcanza la velocidad crucero
- El *pecado* de superar el techo virtual
- Facturación y ganancia
- Tamaño y dominio
- Opciones de futuro

Cuando se alcanza la velocidad crucero

Desde el emprendimiento hasta llegar a la empresa ya estructurada hay un recorrido en constante crecimiento. Sin embargo, luego de la estructuración se alcanza la velocidad crucero, la empresa adquiere un tamaño constante a la vez que el empresario llega al mayor grado de desempeño que le permiten sus aptitudes naturales. Este máximo nivel de desarrollo, logrado a través de la intuición y los talentos personales, constituye su *Performance Empresarial Natural* (PEN).

A través de su visión de negocio y de su ejecutividad, fue llevando a la empresa hasta una determinada envergadura, un resultado de negocio definido y un cierto nivel de rendimiento. Una vez que el negocio empieza a mantener valores estables y un tamaño constante, se encuentra en un punto que señala claramente el límite de la aptitud empresarial máxima de su directivo. Por eso, empresa, negocio y empresario se sitúan en la PEN en el momento de estabilizarse.

A esta altura, los productos o servicios sostienen un margen promedio –aunque haya operaciones que se encuentren por debajo o por encima de esos valores–, los gastos generales ya representan un porcentaje constante de la facturación –antes, esos valores eran variables y esa relación no se podía establecer– y existe un historial de ciertos parámetros de negocio que permiten realizar pronósticos con bastante exactitud. Incluso se pueden definir los niveles de inversión y de ganancias por períodos anuales. Todos estos valores son los *signos vitales* de cada empresa, cuya comparación periódica consigo misma le brindan una guía para saber cómo evoluciona el negocio.

Este tamaño alcanzado termina siendo una característica importante del perfil de la empresa, la cual no guarda una relación preestablecida con el rango de facturación ni con otros valores proporcionales de negocio porque en cada caso son únicos. Ni siquiera dentro del mismo rubro se puede hablar de un tamaño ideal, ni de una proporción entre tamaño y facturación, ya que quien dirige la empresa le otorga su impronta personal.

El *pecado* de superar el techo virtual

En nuestra niñez, entre todos los aprendizajes inconscientes que recibimos de la cultura y del ambiente, está el de los márgenes entre los cuales se ubica nuestra franja de posibilidades y funcionamiento en la sociedad. Por debajo de esa franja, sentimos que no respondemos a las capacidades para las cuales hemos sido preparados. Por encima de ese límite, percibimos un mundo que está tan afuera de nuestros parámetros que ni siquiera existe para nosotros, por lo cual tampoco nos frustramos por no alcanzarlo.

El límite superior de nuestra franja de ubicación social actúa como un *techo virtual,* como el hilo que condiciona la altura que puede alcanzar nuestro barrilete. Jamás nos cuestionamos este límite y no es necesario hacerlo hasta que no lleguemos.

¿Cuál es esa altura? Para cada persona es diferente, pero cuando el empresario llega a su PEN, revela que ha alcanzado o sobrepasado el sueño que alguna vez se había planteado, aquel que parecía lejano al inicio de su recorrido empresarial.

¿Qué pasa entonces? El techo virtual sigue existiendo en el mismo nivel inicial. Muchos empresarios se sienten un poco "apunados" o con vértigo por la altura a la que llegaron y hasta con miedo de que les ocurra algo malo. De alguna manera creen que lo que están viviendo no les pertenece. Todo esto hace que, sin proponérselo, vuelvan de modo recurrente a los mecanismos de funcionamiento y a los niveles de ganancia *autorizados* por su techo virtual.

Facturación y ganancia

A los empresarios fundacionales siempre nos pone contentos que "haya ventas" y que se pueda "disponer de efectivo", pero ambas cosas dejaron de ser indicios de que estamos en el camino correcto.

Y hay otras dos variables significativas, que, así como hasta ahora venían funcionando en simultáneo, dejan de estar en sintonía: la facturación y la ganancia. La ecuación "más facturación = más ganancia", a esta altura y con los mismos criterios, ya no es válida. La PEN le marca a la empresa un rango de facturación que va a ser difícil de superar en forma constante. Si lo desafiamos, entramos en la alta complejidad y la rentabilidad disminuye. Esto es como exigirle a un atleta que corra cada vez más rápido; aunque de entrada lo logre, si se le pide cada vez más llegará un punto en que la velocidad no solo no va a aumentar, sino que bajará de manera indefectible. Al mismo tiempo, el esfuerzo desmedido provocará el deterioro de funciones vitales como la presión arterial, el ritmo cardíaco y la temperatura. Al inducir el crecimiento de una empresa por arriba del tamaño natural que la caracteriza, llevándola a una escala mayor, no solo se frena la mejora, sino que se perjudican otros parámetros. La calidad, los plazos de entrega, las finanzas, la motivación y la confiabilidad empiezan a fallar y, en consecuencia, deterioran su imagen. Precisamente, la etapa de complejidad, con todas sus dificultades, sobreviene por haber tratado de desafiar la PEN, por haber pretendido seguir creciendo con los mismos métodos que antes resultaban.

Performance Empresarial Natural

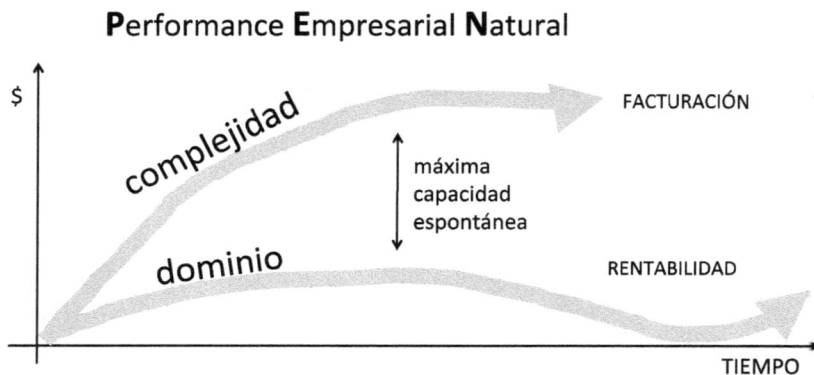

Tamaño y dominio

Como el *aumento del tamaño* de la empresa implica nuevas demandas y le plantea mayor exigencia a nuestra capacidad directiva, se produce la falta de dominio. *Más tamaño equivale siempre a mayor complejidad* y esto, en el mundo de las pequeñas y medianas empresas, está más que demostrado.

Al forzar y estresar nuestra capacidad y la de nuestra gente, nos adentramos en el caos. Mientras seguimos pensando que "más es mejor" no advertimos el límite en el que "más es peor".[8]

---

8   Véase el Apartado "Dominio".

Opciones de futuro

Pero entonces, ¿tenemos que resignar nuestro crecimiento a ese tamaño? *La consigna fundamental es tener dominio,* por lo que frente al crecimiento tenemos *dos opciones.*

La primera es no superar un tamaño –ya sea en estructura, cantidad de productos, alcance de distribución, etc.– por encima del cual sabemos que vamos a caer en una peor performance. Por ejemplo, si somos conscientes de que al sobrepasar determinada cantidad de empleados empezamos a tener problemas, lo que debemos hacer –en el caso de elegir esta opción– es no exceder ese número.

Cuando el empresario dice "Cada vez que crecí me fue mal", es muy claro que superó el tamaño en el que se puede manejar con comodidad. En este caso, limitar el tamaño del negocio es una decisión inteligente que le dará buenos resultados. El punto que no se debe sobrepasar es específico para cada empresario y no puede transferirse a otros casos.

Lo normal es ir creciendo otra vez de a poco. Si eso se hace con recetas similares a las que siempre hemos usado, es probable que en algún momento sea necesario volver a reestructurar. Siempre preparamos la estructura para los escenarios que suponemos posibles; pero, en ocasiones, el contexto nos vuelve a sorprender, obligándonos a nuevas reestructuraciones. No obstante, si respetamos el criterio de no ir por encima de cierto límite, las siguientes reestructuraciones pueden ser menos cruentas: son reformulaciones acordes a los cambios del contexto-mercado más que reducción de personal.

Cuando uno observa empresas de más de diez años de vida, encuentra a la mayoría efectuando una vez más exitosamente el ciclo etapa de estructuración ➤ etapa de complejidad ➤ reestructuración ➤ nueva estructuración.

La segunda opción es crecer en nuestra profesión empresarial más allá de la PEN, sumándole al empresario natural el *empresario elegido,* el que decidimos ser a partir de ahora. Hasta aquí nos hemos apoyado en nuestras características innatas, tallando un perfil a medida que el propio crecimiento demandaba. De aquí en más podemos modelar nuestra profesión agregándole *competencias adquiridas con propósito.* Para que la empresa sea distinta, para cambiar ese ser organizacional que nosotros mismos hemos creado, tenemos que transformarnos, remodelando nuestro propio perfil profesional. En este momento tenemos que cambiar la fórmula de sumar más y más esfuerzo por la de actuar de una manera diferente, que nos provoque resultados distintos.

Más allá de estas dos opciones para mantener el dominio, una vez que lo hemos perdido –como sucede en la etapa de complejidad– es urgente recuperar el liderazgo del negocio, de la empresa y de nuestra vida empresarial.

Para esto *tenemos una salida:* es el proceso de *reestructuración.*

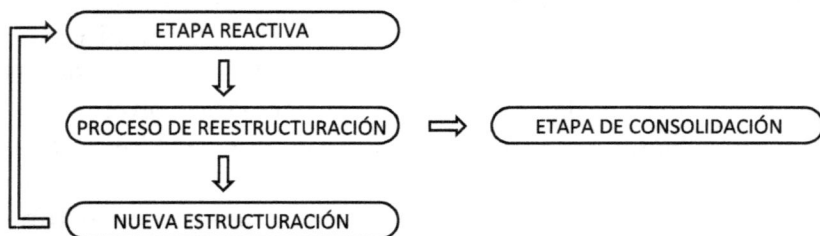

82

PROCESO DE REESTRUCTURACIÓN

Es posible recuperar las riendas

La reestructuración no es una etapa; es una salida, un proceso que encaramos por la falta de domino. La reestructuración tiene diferentes niveles de profundidad y cambio según el grado de deterioro al que se haya llegado en la etapa de complejidad y la cantidad de tiempo que se haya permanecido en esa situación. Este proceso abarca desde un simple reacomodamiento de funciones en la empresa hasta un concurso de acreedores. Su objetivo reside en la recomposición de la rentabilidad por medio de la recuperación del dominio de la empresa.

Aunque en las primeras etapas –desde los comienzos hasta la estructuración– el motor principal del empresario no era ganar plata, en este momento el dinero se instala en el centro de la escena. Nunca estuvo tan claro que crear valor no es algo fácil ni automático y que ser empresario no es una posición establecida sino construida todos los días.

A tal punto se hace evidente esta situación que muchas veces sentimos que cada día tenemos que abrir el negocio con la única finalidad de sostener esa pesada estructura. Nos sentimos rehenes de los gastos generales de la empresa y nos preguntamos: "¿Mi empresa me ayuda o trabajo para mantenerla?".

A pesar de que la situación en muchos casos sea angustiosa, reconforta saber que las estadísticas comprueban el aumento de las posibilidades de continuidad a medida que se tiene mayor trayectoria empresarial. *A esta altura, ya hemos superado los peores riesgos como empresarios y nuestras posibilidades de supervivencia son mucho más altas que al principio.*

Antes con menos ganaba más

La decisión de reestructurar se demora por lo general más de lo conveniente, no porque implique esfuerzo sino porque el empresario no ve una salida. Recién empieza a pensar que existe alguna solución cuando recuerda que, en otras etapas de la empresa, con una estructura más simple, obtenía mejores resultados. Antes con menos ganaba más. Esto ilumina una posibilidad de cambio porque él sabe, *por experiencia,* que las cosas pueden funcionar de otra manera. Al analizar el negocio se da cuenta de que si se queda únicamente con algunas operaciones y una mínima estructura obtendrá una mejor rentabilidad. Solo cuando vislumbra la posibilidad de una salida puede tomar la decisión de reestructurar.

La brújula del costo-beneficio

Como el crecimiento de la empresa no se generó a partir de un plan premeditado sino más bien como una casa que se fue ampliando al ritmo del crecimiento de la familia, nos encontramos con circuitos caprichosos, autorizaciones sin sentido, registros duplicados y decisiones no orientadas al negocio. Esta estructura resulta de la suma de construcciones, reformulaciones y acomodamientos que se acumularon a lo largo del tiempo. No podemos –aunque nos gustaría– derrumbar la casa y construir una desde cero. Tenemos que partir de la que tenemos. De modo que la única solución es pasar por una reforma, por una obra en la que van a tener que convivir lo viejo y lo nuevo.

Así como para renovar la casa se tienen en cuenta las necesidades y exigencias que aparecieron en la familia, lo que orienta el cambio en la empresa es la demanda del negocio y los costos para satisfacerla. Por lo que el criterio más simple y efectivo para reformar es, como se explicará más adelante, por funciones del negocio.[9]

En un primer acercamiento, recomponer el dominio significa recuperar la posibilidad de aplicar nosotros, *personalmente*, y ante cada operación, la *evaluación de "costo-beneficio"*. Recordemos que en etapas anteriores, por razones de tamaño, se separaron los costos de los beneficios y cada cual tomó vuelo propio, tanto el ahorro como la facturación. Ahora es necesario volver a evaluarlos de manera conjunta. La estrategia para el cambio consiste en llevar a la empresa a que vuelva a ser *efectiva*. Esto se hace juzgando qué grado de eficacia y de eficiencia requiere cada operación para lograr la mayor efectividad posible.

Lo primero que se necesita es reducir el tamaño. Como si estuviéramos andando en una bicicleta más grande de lo que dan nuestras piernas, para recuperar el dominio tenemos que volver a una bicicleta de dimensiones controlables.

Por lo cual, en principio, tenemos que reformular los gastos generales, es decir, esos costos de estructura que, como una canilla abierta, no se modifican por sí mismos, porque no están atados a los cambios de demandas. Lo más probable es que, ante las nuevas realidades que aparecían

---

9 Véase Capítulo "Organización. Metodología para aumentar la productividad".

permanentemente en la empresa, los gastos generales hayan seguido en piloto automático, sin actualizarse. Necesitamos evaluarlos nuevamente para reconfigurarlos. No se trata de gastar un porcentaje menor en cada ítem, sino de repensar toda la estructura, porque cada decisión de recorte trae, como contrapartida, pérdida de beneficios.

¿Hasta cuándo "promediar"?

Por supuesto, esto no es sencillo, no existe la opción de barajar y dar de nuevo, tenemos que manejarnos con las cartas que ya están sobre la mesa. Por eso, se trata de *elegir y renunciar*.[10]

Una cosa es clara: en este estado de cosas no sirve seguir haciendo lo mismo. Los problemas de tamaño tienen solución siempre y cuando sepamos renunciar y generar *nuevas* respuestas ante las demandas que aparecen. Si pretendemos atender más demandas, en el mismo tiempo y con la misma capacidad, muchas cuestiones quedarán desatendidas y empezaremos a descuidar un poco cada cosa, "promediando" nuestra disponibilidad y performance. Esto equivale a seguir igual: sin dominio.

Si le damos obligaciones acordes con su capacidad a una persona, seguramente las cumplirá con buena efectividad. Pero si le aumentamos las exigencias en forma permanente, no podrá con todo y tendrá que "promediar", es decir, hacer un poco mal cada cosa. Como en un primer momento el desempeño que resulta de promediar es tolerable, seguimos saturándola con obligaciones. Pero llega un punto en que termina "atajando" lo que puede y ni siquiera tiene conciencia de lo que es importante o prioritario.

Llevemos este fenómeno a la organización en su conjunto y multipliquémoslo por la cantidad de sus integrantes. Es como jugar con un adversario que no nos deja tener

---

10 Véase Anexo II, "Reestructuración".

la pelota: nos pasamos el tiempo pateándola lo más lejos posible y tirándola a cualquier lado.

Cuando nos encontramos en una situación de falta de dominio, las cosas no se resuelven en función de su importancia sino por orden de aparición. Pero se sabe que lo prioritario y lo urgente no son lo mismo. En el día a día de la empresa hay situaciones que gritan y hacen más ruido que otras. La importancia de aquello que "grita" puede ser mínima al lado de otro aspecto que no hace ruido y que, por eso mismo, dejamos pasar. Para detectar si un tema es o no prioritario, necesitamos perspectiva y foco. Pero si ante todo tendemos a solucionar lo urgente para evitar que nos siga apremiando, los hechos terminan resolviendo por nosotros.

Todo esto implica que cuando agregamos más y más demandas a una misma estructura, pasamos por tres situaciones: la primera es de dominio, la segunda es de baja efectividad con resultados tolerables –lo que llamamos "promediar"– y la tercera es de caos. En el período de alta complejidad, tanto el empresario como los integrantes de su organización viven esa situación caótica.

Señales de emergencia

A esta altura, recuperar el control es importante y urgente. Existen señales de que las cosas tienen que cambiar y pronto. ¿Cuáles son los síntomas que nos llevan a decidir la reestructuración?

- Caída de los márgenes comerciales.
- Falta de liquidez.
- Incumplimientos, falta de calidad y devoluciones.
- Dificultad para conseguir los volúmenes necesarios de facturación.
- Desgaste de la autoridad (la gente ya no responde ni al miedo).

- Pérdida de poder ante proveedores y clientes.
- "Incendios" que gobiernan la jornada de trabajo.
- Conciencia de que estamos cada día más solos para comprender la envergadura de los problemas.
- Observación de que el paso del tiempo nos deteriora y desgasta a nuestra gente.

Aunque estos signos sean graves, tardamos en percibirlos porque son incrementales, aparecen en forma progresiva y solo los advertimos cuando el deterioro ya está instalado.

Remedios que empeoran la enfermedad

En este marco, muchos empresarios realizan algunas acciones para resolver el problema, pero al poco tiempo se dan cuenta de que siguen caminos equivocados. Parecían soluciones, pero en realidad no lo eran. ¿De qué acciones hablamos?

- Se intenta aumentar la facturación en un 20 o un 30 % porque se piensa que así se solucionarán las cosas. Es falso: *más facturación genera más complejidad.*
- Se consiguen créditos, suponiendo que el problema reside en la parálisis por iliquidez. No es una solución: *en este estado, el dinero se fagocita en muy poco tiempo.*
- Se espera para ver si cambia el contexto, con la creencia de que "somos muchos los que estamos mal". No es cierto: *desde esta complejidad siempre vamos a juzgar al contexto como adverso.*
- Se espera, suponiendo que "si los competidores pueden, nosotros también vamos a poder". No sirve: *las condiciones de cada uno son particulares y no pueden compararse.*
- Se ahorra en busca de productividad. No es el camino: *lo importante no es mejorar lo operativo sino volver a crear valor.*

La cualidad incremental de la situación hace que, en cada momento, uno considere que no corre riesgos si espera un poco. Muchos empresarios demoran las decisiones, pensando que unos días más no van a cambiar mucho las cosas, para ver si la tendencia se revierte.

En el fondo, son sus propios pensamientos los que coartan la salida cuando:

- piensan que no es posible recortar porque cada gasto se justifica y cada ahorro provoca mayores pérdidas de negocio,
- suponen que si prescinden de ciertas personas, ellas van a terminar en la competencia porque conocen a los clientes o manejan alguna información valiosa,
- creen que es imposible financiar los costos económicos de una reestructuración (indemnizaciones, etc.).

La demora también se produce cuando el empresario teme perder la imagen que tenía entre clientes y competidores. En esta etapa, la gente exterior no tiene mucha conciencia de cómo están las cosas, pero si él empieza a cerrar sucursales o a despedir vendedores, todos se darán cuenta de su debilidad. Además, ante los mismos colaboradores y su entorno social le preocupa empañar su imagen y perder el estatus.

En este momento, tres sentimientos debilitan la determinación y hacen que no se decida a moverse hacia una etapa superadora.

1. La **angustia** ante la alta complejidad y la falta de dominio.
2. El **miedo** a buscar opciones de salida y no encontrarlas (se pregunta qué le puede pasar si fracasa en esa búsqueda).
3. La **impotencia** que genera la espera, ya que al demorar una decisión se agranda el problema y se apaga el protagonismo.

Sin embargo, las estadísticas informan que la mayoría de las empresas encuentra la forma de hacerlo.

Si lo hubiera sabido antes

Reestructurar no es otra cosa que volver a estructurar. En cierta medida, se trata de recomponer una estructura de sol, en donde nosotros vamos a volver a *dirigir, controlar y decidir* respecto de cada tema importante del negocio, gracias al retorno a un tamaño menor.

Los resultados de este cambio son tan sorprendentes que nos parece mentira haber demorado tanto tiempo la decisión. Reconocemos que era imposible que la empresa funcionara con tantas cosas manejadas sin discreción y nos preguntamos: "¿Por qué no tomé antes el toro por las astas?".

Rápidamente se comienza a recomponer el dominio de cada situación y con ello la rentabilidad. Otra vez estamos en presencia de la creación de valor. Además, se recupera la confiabilidad, sinónimo de excelencia. Las oportunidades aparecen tanto o más que antes, con la diferencia de que ahora es posible *elegir* las que *convienen* y aprovecharlas. También se recompone *el poder del empresario* desde su capacidad para *visualizar, focalizar y ejecutar*. De esta manera resurge el protagonismo.

¿Puede una empresa pasar a la etapa de consolidación sin haber reestructurado? No. La reestructuración no siempre significa achicamiento. A veces solamente se trata de reformular responsabilidades y funciones. Si se incluyen también aquellos cambios estructurales que no son tan trascendentes, no hay manera de evitar reestructuraciones para consolidar una empresa.

Es necesario decir una vez más que la alta complejidad exige que nos hagamos cargo, encontrando caminos e implementando una metodología clara para enfrentar ese compromiso. Esto implica dar los pasos necesarios sin caer en la tentación de pretender ser más fuertes o ir más rápido de lo que realmente podemos.

Lo financiero

Antes de enumerar los pasos para reestructurar, debemos saber que *para encarar lo financiero, lo importante no es el monto de deuda sino el dominio de los pagos.* Esto requiere:

- conocimiento y orden en los compromisos, tanto por la operatoria diaria como por la deuda no corriente,
- capacidad de pago de esos compromisos y de las refinanciaciones necesarias,
- capacidad de resultado económico del negocio, aun pagando los intereses que se generan por lo adeudado.

Si estos puntos se cumplen, no hay que inquietarse por achicar lo adeudado; corresponde concentrarse en el negocio nuclear, que es lo que genera dinero.

Incluso se debe proceder al retiro de dividendos sobre la rentabilidad, aunque exista capital que no nos pertenece. El hecho de que una empresa esté endeudada no significa necesariamente que el negocio no funcione o que el empresario no retire utilidades.

Los cinco pasos para reestructurar exitosamente

Primer paso: actitud

El ser empresario es una profesión de liderazgo y nuestra obra no puede ser juzgada por el conjunto de nuestras decisiones, sino por lo adecuadas que sean en cada momento. Ninguno de los afectados por nuestras resoluciones va a alentarnos para que seamos duros o para que cortemos por lo sano. Al contrario, sepamos que van a llover críticas y hostilidades. Con el tiempo, sin embargo, la continuidad de la empresa será el único parámetro para determinar si las decisiones fueron acertadas.

Cada una de las personas relacionadas con nuestra empresa –proveedores, empleados e incluso clientes– puede querer individualmente cosas que, sumadas, no podríamos afrontar, aunque ellas no lo sepan. No hay ninguna duda de que, para el conjunto, es mejor que la empresa continúe. En este punto es fundamental que nuestras elecciones y decisiones estén basadas en *lo que conviene para la continuidad*. Y en este sentido, *actitud* significa pararnos con la postura correcta.

No es deseable que un día nos encontremos sin empresa y que los demás digan: "Era buen empresario, pero le faltó carácter". El mejor reconocimiento que podemos alcanzar se deberá a nuestra capacidad para continuar creando valor.

Somos el eje del camino a la solución; si no nos movemos nosotros, no hay camino a transitar.

Segundo paso: plan

Necesitamos elaborar un plan, pero *sin tomar la decisión de aplicarlo*.[11] La función del plan reside en constituir un camino pensado que nos genere expectativas positivas. Un plan magistral y detallado en el que no creamos no nos sirve. Por eso tenemos que diseñar el plan *sin trabajar en las eventualidades de la implementación*, para no contaminar nuestra mente con más preocupaciones. Vayamos paso por paso. Por ahora, *solo* el plan.

Tercer paso: automotivación

Se trata de poner en una balanza, por un lado, la situación actual con el nivel de angustia generado y, por el otro, *el punto al*

---

11   Véase Anexo II, "Reestructuración".

que queremos llegar si aplicamos la reestructuración planeada. No debemos perder de vista:

- cuáles serán los resultados,
- qué significa esto en términos de restitución del dominio y de generación de valor,
- qué nuevo punto de partida estamos construyendo y
- qué futuro vamos a crear.

Estas consideraciones ayudan a "venderle" a cada uno de los implicados las ventajas de acordar su parte.

Cuarto paso: decisión

Una vez dados los pasos anteriores es necesario resolver. No olvidemos que el tiempo que transcurre no es neutral, sino que deteriora nuestra posibilidad de futuro.

Quinto paso: acción

Tenemos que implementar el plan recordando que *nada* debe quebrantarlo. Solo nosotros sabemos lo importante que es lograr cada una de sus partes. Por eso necesitamos, al mismo tiempo, flexibilidad y firmeza. Flexibilidad para negociar las pequeñas batallas y firmeza respecto de cuál es la verdadera guerra que tenemos que ganar. En este período la frase clave es "actuar solo sobre lo que es posible" para alcanzar el dominio.

ETAPA DE CONSOLIDACIÓN

- Recuperando el placer de ser empresario
- Dos variables
- Nueva fórmula de crecimiento
- Números del negocio
- Perspectivas diferentes guían la empresa
- El asombro como actitud superadora
- Ahora es más fácil

Recuperando el placer de ser empresario

En este estadio, el empresario recupera el protagonismo: ya no tiene que comprometer sus jornadas reaccionando a las urgencias, pues cuenta con disponibilidad para interpretar la situación y decidir hacia dónde dirigirse. Tiempo libre y suficiente tranquilidad le permiten marcar el camino que seguirá la empresa en adelante. Esta es una etapa motivadora. Aquí se conjugan el *mejoramiento de la rentabilidad* y el *placer de ser empresario*.

La etapa de consolidación no es una fase ineludible de la evolución empresarial natural, es una *etapa elegida deliberadamente* por aquellos que superan el ciclo "etapa de complejidad-reestructuración-nueva estructuración…".

En la consolidación, el empresario suma a sus características personales algunos entrenamientos premeditados que le sirven para alcanzar niveles superiores, identificando sus propias limitaciones y las de su empresa, y administrándolas en forma adecuada. Si en las etapas anteriores construía su empresa como un artista que esculpe su obra, ahora comienza a tallarse *a sí mismo*; en esta etapa se modelan tanto el artista como la obra. Este es un empresario que eligió ir más allá de sus aptitudes naturales, por eso empieza a desarrollar competencias: las suyas y las de la organización.

La consolidación no es un plan para un momento dado, como lo es el proceso de reestructuración. La consolidación es una *postura* permanente, ya que los cambios que se encaran serán lo suficientemente profundos y fuertes como para enfrentar desafíos futuros.

Dos variables

Los retos más importantes de esta etapa tienen relación con dos variables inherentes a la evolución de la empresa hasta el momento: tamaño y tiempo. En el crecimiento habíamos impulsado un *tamaño* mayor que el que podíamos manejar, quedando librados al desempeño de la organización, pero en la presente etapa tenemos que encarar a fondo el desafío de la *conducción*.

Por otra parte, el *tiempo* que llevamos en el negocio hace que todo lo implementado hasta el momento –productos, servicios, procesos, insumos, canales de ventas–, como es perecedero, requiera de ajustes o cambios. Esto nos exige enfrentar el tema de la *actualización*.

Tamaño y tiempo son dos variables que deberemos atender.

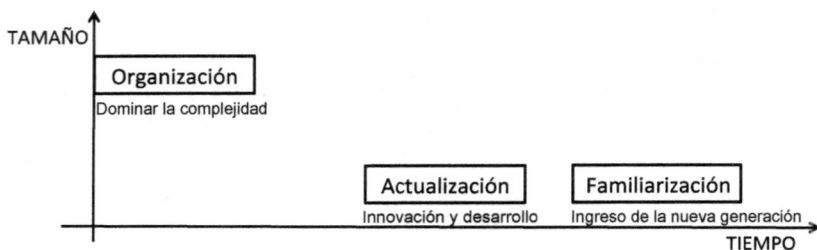

Nueva fórmula de crecimiento

A esta etapa se accede con un dominio interno de la empresa. Como un anfitrión que dispone su casa para recibir visitas, necesitamos controlar la organización para poder consolidarla.

Es importante tener en cuenta que la nueva fórmula para el crecimiento no es *más* sino *mejor*. Solamente con este paradigma como guía se abrirá la oportunidad para pasar a un estadio que dé mayor rentabilidad, sin que para eso tengamos que hacer y pedir más y más esfuerzo.

En los torneos *amateur* es difícil tener referencias concretas acerca de los resultados obtenidos por los deportistas. En cambio, en la etapa profesional hay niveles de referencia que sirven para medir la evolución. Lo mismo sucede en la empresa. Nuestra organización ya juega en un nivel profesional, ya tiene características definidas que son un punto de partida para el aprendizaje y para evaluar los resultados de cada función.

Por eso, cuando se implementan cambios es necesario medirlos a través de los signos vitales de la empresa. No se trata de compararla con otras sino de *medir la evolución* de nuestro negocio. Si los signos se mantienen y evolucionan, indican un crecimiento saludable. De lo contrario, hay que recuperar el dominio del sistema y desde ahí timonear el desarrollo.

Números del negocio

Antes, la única forma de saber cómo evolucionábamos era a través del resultado final. A partir de la PEN, al contar con un historial de valores estables cuyo resultado final es una síntesis de variables medibles, tenemos señales que nos guían con mayor sutileza y especificidad para tomar disposiciones ajustadas a los problemas. Es decir, podemos medir algo mucho más potente que la continuidad de la empresa: podemos evaluar la *calidad* del desarrollo y del crecimiento que logramos. Incluso, la discriminación de los parámetros de referencia se aplica no solo a la empresa sino a nuestra profesión de empresarios. Podemos ver cómo se desarrolla nuestra capacidad de visión y ejecución.

Hay que tener en cuenta que nuestro modelo de tablero de gestión cambia a medida que evolucionamos en el negocio, por lo cual es un instrumento dinámico y no una manera establecida y rígida de ver la empresa. La función del tablero de gestión consiste en aumentar en cada momento el poder de decisión de la dirección. Eso no es lo mismo que aumentar la información; implica hacerla más simple y relevante.

El signo tangible de *nuestra visión es el margen comercial* y el de *nuestra ejecutividad es la relación entre gastos generales y facturación.*

Por esta razón, la PEN no es un punto de llegada, sino una puerta de entrada a un futuro más rentable y placentero.

Perspectivas diferentes guían la empresa

El pasaje hacia la consolidación requiere ante todo un cambio de enfoque. Hasta el momento veíamos las limitaciones en el afuera –en nuestra gente, en el mercado, en los clientes– y atacábamos solo los síntomas. Ahora sabemos que solo podremos habilitar cambios reales, en nosotros y en la empresa, si cambiamos la mirada interna.

¿Qué significa tallarnos como empresarios?

En esta etapa es necesario primero modificar varios paradigmas para luego planear, implementar y controlar acciones empresariales. Si no cambiamos nuestros criterios para evaluar la realidad, continuaremos haciendo y obteniendo más de lo mismo.

A modo de ensayo, acompáñenos en un testeo con estos cinco paradigmas propios del empresario en consolidación. Coteje cada uno con acciones y hechos concretos de su empresa, y determine si estos reflejan que el paradigma ha sido adoptado.

1. **Paradigma uno: el valor del conocimiento es perecedero.** Las necesidades de los clientes y el uso que ellos les dan a los productos o servicios cambian continuamente. Por otra parte, los insumos, las tecnologías e incluso nuestros procesos internos hacen que se modifique lo que se puede ofrecer. Por este motivo, mucho de lo que sabíamos y nos diferenciaba en el ayer se va perdiendo. Es necesario ofrecer mejoras que nos distingan.

2. **Paradigma dos: la trayectoria es una ventaja competitiva.** El establecimiento de continuidad brinda una relación ya probada con el mercado y nos coloca en una situación de superioridad con respecto a los que están empezando. Recordemos que, estadísticamente, la mortandad en los primeros dos años de vida es muy alta en comparación con el mismo período de tiempo en cualquier otro momento de la trayectoria de una empresa. Cada año que pasa aumenta nuestras probabilidades de subsistencia. En esta etapa, aprovechar lo hecho es fundamental porque nuestra trayectoria ya contiene pruebas concretas, más que hipótesis sobre el negocio.

3. **Paradigma tres: la estrategia de una empresa no debe ser agrandarse, sino desarrollarse.** El tamaño en sí mismo no es una virtud. Sí lo es el nivel competitivo. En lugar de enfocar un incremento de facturación, ahora se apunta al valor agregado, el valor diferencial que percibe el cliente en nuestros productos o servicios. Si antes nos preocupábamos casi exclusivamente por proyectar acciones de venta, el énfasis ahora está puesto en acciones que nos llevarán a obtener más margen. Este cambio de mirada

nos revela una capacidad insospechada porque nos otorga elementos para seguir creciendo.

4. **Paradigma cuatro: la mirada de los otros no es la guía de nuestra evolución.** En los estadios anteriores, el reconocimiento que obteníamos como empresarios y también para nuestra empresa marcaba el rumbo a seguir.

   Ahora, la medida del éxito no está en el reconocimiento externo. Dejamos de trabajar para "la tribuna" y empezamos a hacerlo para nosotros y para nuestros propios juegos. Atender los desafíos nos moviliza más como placer interno que como medio para alcanzar algo visible desde afuera.

5. **Paradigma cinco: el contexto tiene que ser tomado como algo dado, como las condiciones en que nos toca actuar.** Aquí no se hace fuerza sobre lo que viene dado y no podemos cambiar. Las expresiones de queja señalan falta de aceptación, negación de las aguas en las que nos toca navegar. En general son los cambios bruscos del contexto los que nos cuesta asimilar, pero si los miramos como las condiciones dadas, descubrimos realidades que permiten nuevas oportunidades.

El asombro como actitud superadora

Como empresarios, ya tenemos una vasta experiencia, sentimos que "estamos de vuelta" de las cosas. Pensamos: "¡Yo ya pasé por esto!", "¡siempre es la misma cosa con otro nombre!".

La experiencia imprime huellas tan claras que parece que no hubiera otras respuestas fuera de ellas. Aquí se encuentra el talón de Aquiles de nuestra experiencia.

No es que tengamos las soluciones para cada cosa, lo que tenemos es una explicación para cada situación. Si la explicación permite definir un camino posible y conveniente, esto es bueno. En cambio, es un obstáculo cuando la respuesta de nuestro saber acumulado no es adecuada para las nuevas circunstancias.

Por esta razón, el empresario y la empresa se encuentran ante la necesidad de *reaprender*.

Ahora es más fácil

En este punto adquiere importancia el segundo paradigma de la consolidación: la *trayectoria*. Recordemos que la historia vivida aumenta nuestras posibilidades de subsistencia. Por eso, no se trata de descubrir cualquier camino: estamos en presencia de una trayectoria que ya nos marcó lo exitoso. En nuestra empresa tenemos "núcleos de valor", ejes competitivos[12], que nos permiten evitar saltos creativos riesgosos y búsquedas en direcciones no probadas.

Muchas veces tenemos la sensación de que "antes era más fácil", porque a nuestra mente le resulta más sencillo buscar una buena explicación que encontrar un nuevo camino. Sin embargo, si se trata de evitar direcciones equivocadas, "*ahora* es más fácil", ya que ese riesgo era altísimo en la etapa de expansión y más aún en la emprendedora.

Aunque empezar de nuevo sea una tentación, no deja de ser el camino más riesgoso. Es como si un abogado de cierta trayectoria profesional quisiera poner un restaurante. En realidad, está más cerca de desarrollar mejor su profesión y sobresalir que de comenzar un negocio totalmente distinto. No obstante, es posible que no le aparezca a primera vista qué le convendría desarrollar. A veces, inmersos en las dificultades, las limitaciones y la "trastienda" de nuestro negocio, no percibimos el valor de lo que ya logramos.

---

12 Véase el Apartado "Las funciones del negocio".

Ahora podemos combinar la experiencia obtenida con la exploración de lo nuevo y dejar de tener una visión lineal de la profesión. Nos damos cuenta de que no estamos ante un momento puntual de nuestro desarrollo sino ante una nueva postura, que nos permitirá ser empresarios exitosos de aquí en adelante.

En los próximos capítulos se explica cómo expandir la capacidad empresarial y cuáles son las acciones necesarias para modificar positivamente los resultados de la empresa.

TRIBUTOS POR EL CRECIMIENTO

Aquel emprendedor que empezó solo, con lo mínimo indispensable y teniendo que inventar antecedentes, hoy es empresario, tiene una trayectoria visible, una estructura considerable, el reconocimiento de los clientes y un estatus social. Esta transformación, además de haberle demandado talento y esfuerzo, tiene un precio. Es el precio del crecimiento, que se refleja a través de molestas señales que le impiden un desarrollo más fluido.

El crecimiento trae consigo tres fenómenos encubiertos que ponen "palos en la rueda" en el trayecto de evolución empresarial. Una y otra vez buscamos formas de enfrentarlos, pero siempre reaparecen porque, al no poder verlos como son, solo atacamos los síntomas.

Estos fenómenos inherentes al crecimiento son:

1. la soledad empresarial (ver Apartado "Soledad empresarial"),
2. la empresa como ser viviente (ver Apartado "Gestión integradora"),
3. la inercia de la organización (ver Apartado "El metabolismo").

Para manejarlos y hacerlos trabajar a favor tenemos que aceptarlos, cambiar el enfoque y, luego, cambiar las acciones. De lo contrario usaremos nuestro esfuerzo y el de nuestra organización para luchar contra molinos de viento y terminar siempre en más de lo mismo.

Segunda parte

ESTRATEGIAS PARA DOMINAR
LA RENTABILIDAD

DIRECCIÓN

CUATRO ENFOQUES PARA TRANSFORMAR EL ESFUERZO EN INTELIGENCIA DIRECTIVA

SOY EMPRESARIO/EMPRESARIA

¿Cuáles son las ventajas de asumir el rol de empresario?

- Certificado de empresario
- Validación continua
- El poder que otorga el rol
- Dos consejos para asumir el rol de empresario

Certificado de empresario

Médico, profesor, carpintero, periodista, abogado, vendedor…, existen diferentes roles profesionales para atender las necesidades de una sociedad. Pero hay uno que es de particular importancia, porque tiene la función de crear riqueza. Es el *rol de empresario*.

Al comercializar, brindar servicios, fabricar bienes, criar o sembrar, *los empresarios son quienes generan valor* transformando insumos y recursos. Es tan imprescindible este papel que los discursos referidos al mejoramiento social suelen convocar al empresariado como actor fundamental, tanto por la producción de riqueza como por la creación de fuentes de trabajo. Sin embargo, el empresario muchas veces no se reconoce como tal y hasta se siente un poco "colado" en un lugar que en realidad se ganó con su propio mérito.

El reparo para reconocerse en este rol quizás se deba en parte a que la condición de empresario no se adquiere mediante un diploma académico. No hay una universidad que entregue este título. En el curso de las etapas pudimos comprobar que la verdadera escuela empresarial es la pequeña y mediana empresa, sin duda una formadora de lujo que premia los aciertos y castiga los errores de una manera implacable. De este modo tan duro, informal, intuitivo, pero irreemplazable es como se hace un empresario.

En la carrera empresarial hay muchos postulantes, pero solo unos pocos llegan. De cada 1.000 emprendimientos que se inician, solamente 52 empresas siguen funcionando después de 15 años. Únicamente el 0,12% de la población tiene una trayectoria empresarial de 10 o más años. Por ser una función social clave y una condición tan excepcional, la sociedad necesita que quien desempeña ese rol lo asuma plenamente. ¿Usted se pondría en manos de un médico que duda de serlo? El de empresario es un rol imprescindible, tanto en la sociedad como en el interior de la empresa. Un negocio sin líder está expuesto a desaparecer. Los empleados, los proveedores, los clientes y la sociedad en su conjunto no necesitan un empresario que no cometa errores, pero sí uno que se asuma como tal.

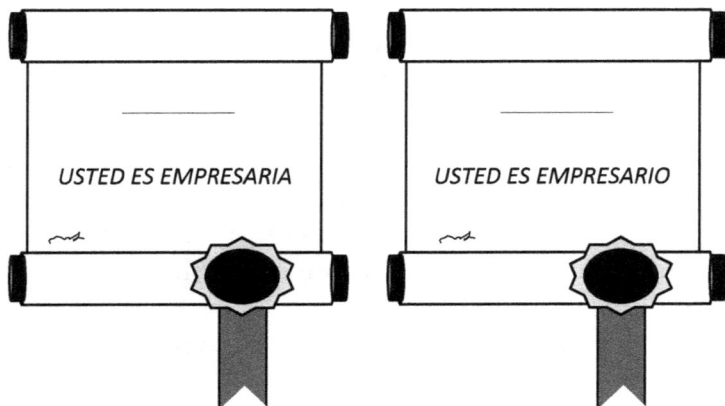

USTED ES EMPRESARIA

USTED ES EMPRESARIO

Validación continua

La función del empresario no es mayor o menor según la envergadura del negocio. Siempre es fundamental. No hay nada más erróneo que la expresión "pequeño o mediano empresario" para referirse al "director de pequeña o mediana empresa".

A diferencia de un graduado universitario, el empresario necesita una convalidación permanente. Mientras que el médico sigue siendo médico aunque deje de ejercer su profesión, el empresario tiene que construir su estatus cada día. Si deja de desempeñar su rol, pierde su posición: no se dice que "es" sino que "fue" empresario.

Por otra parte, al contrario de lo que sucede en las grandes corporaciones, donde el resultado puede quedar disimulado durante cierto tiempo y repartido entre diferentes gestiones, en las pymes se puede saber muy rápidamente si el director acertó o fracasó. Esto no quiere decir que no pueda cometer errores –en cualquier ámbito de la vida los errores participan del hacer–, sino que su éxito será el resultado de una suma donde sean más significativos los aciertos que los fracasos.

El poder que otorga el rol

Es interesante ver como cada ocupación profesional viene acompañada de un libreto de comportamientos que facilita el desempeño de quien lo tiene y al mismo tiempo determina lo que pueden esperar los demás. La sola declaración del rol define una misión y brinda una sabiduría intuitiva a quien lo asume, resultando así todo más claro. Cuando los empresarios no logramos reconocernos como tales, carecemos de ese programa de comportamientos que la sociedad armó para nosotros.

Es importante ver que la duda acerca de nuestra condición de empresarios, o la idea de que nuestro negocio no es como debería ser, no es solo un pensamiento interno, invisible para los demás: es un mensaje que afecta toda nuestra realidad. No alcanza con *hacer* lo que hacemos. Necesitamos también *creernos* quienes somos para que nuestro rol tome su verdadera dimensión. Desde hace tiempo venimos desarrollando una tarea. Es hora de abrir los ojos y ver la importancia que eso encierra. El hecho de reconocernos como empresarios ordena nuestros pensamientos y le da definitivamente a nuestro negocio el estatus de empresa.

En la pequeña o mediana empresa, el crecimiento profesional del empresario suele ser aislado. Cuando trata de capacitarse, siente por lo general que las soluciones que le dan no se adecuan a su realidad cotidiana. Al no tener pares con quienes compartir ese sentimiento, cree que su empresa funciona como corresponde, en vez de exigirles a los especialistas y capacitadores que le brinden respuestas adecuadas. Esto cambia si usted asume plenamente su rol de empresario, porque al sentirse como tal, legitimará su autoridad para buscar las soluciones que realmente le sirvan.

Dos consejos para asumir el rol de empresario

Primero: *sepa que usted es empresaria/empresario,* que no existe una manera de serlo más adecuada o mejor que la suya. Así se es empresario/empresaria y usted no tiene que dar ninguna prueba de ello. Es más, ahora que lo sabe, no puede ocultárselo más. Perdió la "inocencia" y en adelante no hay vuelta atrás. "Saber": esa es la primera consigna, que después de leer estas líneas ya está cumplida.

Segundo: *cuando le pregunten cuál es su profesión, conteste "empresario".* No escriba ni diga ingeniero, contador, abogado,

etcétera. Estos son, en todo caso, títulos de profesionalización con los que usted cuenta, pero no constituyen su actividad profesional.

Tampoco responda comerciante, industrial, ganadero,
agricultor o productor de servicios: estas son especialidades
dentro de la profesión de empresario.

SOLEDAD EMPRESARIAL

¿Cómo aceptar y manejar positivamente la soledad empresarial?

- Fantasías acerca del rol de empresario
- Concepciones diferentes
- Cuando la empresa es la tribuna
- "Él es empresario y nosotros somos empleados"
- Al aislamiento se le suma la crítica
- El engaño de la búsqueda de consenso
- Aceptar la soledad favorece al negocio

Fantasías acerca del rol de empresario

La profesión de empresario suele verse como una posición interesante y de privilegio. La imaginamos con un nivel de autonomía en el que los horarios de trabajo y los desafíos a encarar se deciden libremente.

Quienes no son empresarios creen que la empresa, a partir de cierto tamaño, funciona "en automático", sin necesidad de que el dueño tenga que usar su tiempo para resolver las cosas, ya que otros trabajan para él. Muchos piensan que no fue gracias a sus capacidades como logró armar la empresa, sino que "la pegó", y otros creen que si ellos fueran los dueños manejarían de mejor manera las cosas.

Quienes están desde hace muchos años al frente de una empresa saben que no es así, que se trata de una idealización parecida a la que tienen los adolescentes que quieren llegar rápidamente a decidir como adultos; cuando crecen se dan cuenta de que ese poder que alcanzan también les trae responsabilidades y obligaciones.

Lo vivido por el empresario, de hecho, es una trayectoria sembrada de obstáculos, de esfuerzos y, sobre todo, marcada por un fuerte sentimiento de soledad, tanto en el interior como fuera de la empresa.

Es una profesión en la que es difícil encontrar pares, ya que solo doce de cada diez mil habitantes es empresario con más de 10 años de trayectoria. Pero la *soledad empresarial* también tiene otros orígenes y se manifiesta de formas diferentes según la etapa que esté atravesando la empresa.

Concepciones diferentes

En la *etapa emprendedora, el empresario* está probando y no llegó aún a cruzar a la vereda de enfrente, donde se ubican quienes son autónomos para construir su historia. Por eso, al principio se siente cerca de las personas que lo rodean. Su entorno no lo percibe alejado ni piensa que tiene un estatus especial. Sus allegados lo nombran "emprendedor", no empresario, y hablan de "emprendimiento", no de empresa. En esta instancia, todavía no existe el sentimiento de soledad.

El alejamiento de su entorno empieza después, cuando se inaugura la *etapa de expansión*: el emprendedor se transforma en empresario y se diferencia de los demás en su mirada acerca del protagonismo personal. Él se siente creador de su futuro, ve oportunidades para aprovechar y se considera capaz de conquistarlas.

En cambio, sus allegados más cercanos no coinciden con él respecto de lo que es posible alcanzar. Quienes lo rodean tienen una perspectiva más determinista. Algunos incluso creen en un destino ineludible que no se puede modificar. Estas miradas distintas son un síntoma muy claro de que el empresario ya no comparte paradigmas y pensamientos con su entorno.

Comienza a sentirse diferente y a percibir una separación con respecto al medio que lo rodea. Si, además, expresa en voz alta frases como "acá no gana plata el que no quiere", esa separación puede convertirse en un hecho y llevarlo a aislarse de su círculo.

Cuando la empresa es la tribuna

Quienes siguen acompañándolo ven en él a alguien con capacidad para concretar proyectos y con poderes diferentes de los del resto. Esa gente es la que está relacionada con la empresa: sus primeros colaboradores, algunos proveedores, los clientes…

Esta es una de las razones por las que el empresario considera al negocio como el centro de su vida. En la empresa se vuelve poderoso y reconocido. Afuera, pasa inadvertido y se siente uno más. Si conversa con amigos, todos opinan de igual a igual sobre cualquier tema: política, familia, medicina o deportes. Allí, su poder se diluye y sus opiniones no tienen más peso que las del resto.

Por eso le gusta la empresa; al mismo tiempo que refuerza su valor personal, agranda la diferencia con los otros ámbitos. Es un círculo que, día a día, se realimenta.

Ello no significa que el empresario o la empresaria se desvincule del entorno. Lo que pasa es que siente una atracción más fuerte por su empresa que por el resto de los asuntos y las personas. A tal punto que mientras está en la playa tomando sol y su pareja piensa que por fin consiguió tomar un descanso, su mente está funcionando a toda velocidad, buscando posibilidades o soluciones para el negocio.

En esa etapa, la soledad es neutralizada por el acompañamiento que encuentra dentro de la empresa. Además, todavía vive la separación del entorno sin angustia consciente, ya que su mirada diferente de las cosas y su convicción de que él está del lado de los ganadores compensan la incomprensión en los ámbitos sociales.

EMPLEADOS		CLIENTES
ESPECIALISTAS		COLEGAS
PROVEEDORES	EMPRESARIO	CONSULTORES
AMIGOS		TERCEROS

Solo a la hora de decidir

"Él es empresario y nosotros somos empleados"

Más adelante, la *etapa de estructuración* genera varias situaciones novedosas. Por un lado, al tener menos tiempo se vuelve más selectivo y destina la mayor parte del día a las cuestiones que considera importantes, empezando así a pasar cada vez menos horas con los colaboradores.

Por otro lado, la mudanza, con la comodidad de la oficina propia, le vale el alejamiento físico de sus empleados que ya no lo ven trabajar "codo a codo" con ellos.

De a poco, la función de empresario toma un perfil más definido. Ahora, hay una distribución de tareas, con definición de roles y, sobre todo, con un líder separado del resto. De este modo se termina esa unión simbiótica donde clientes, proveedores, colaboradores y él mismo trabajaban sin jerarquías y en total sintonía.

Así, damos el segundo paso en el camino hacia la soledad empresarial. Los empleados toman conciencia de esa separación antes que nosotros. "Usted es empresario y nosotros somos empleados." Por eso adoptan otra actitud. Es como si dijeran: "Yo te ayudo, empujo el carro, pongo todo lo que de mí depende, pero la responsabilidad de asegurar el negocio y el futuro es tuya. Yo soy un jugador –y hasta puedo ser el jugador estrella– pero el que dirige sos vos".

Esto, en un principio, nos enoja. Sentimos que los demás nos abandonan, que se bajan del barco en el que remábamos juntos. Lo que sucede es que dentro de la empresa ocupamos un lugar único que no vamos a compartir con nadie –ahora nos damos cuenta–. Podemos recibir opiniones de nuestros colaboradores inmediatos, consejos de consultores externos, o leer acerca de casos similares al nuestro, pero *siempre estamos solos a la hora de decidir.*

A las distancias que ya se habían creado en el ambiente social se suma el alejamiento de nuestra gente. Por más que tratemos de mantener a los empleados de nuestro lado, siempre estarán mirándonos, aguardando nuestras decisiones y esperando, a fin de cuentas, que ejerzamos el rol de líder de la empresa. Por eso es necesario aceptar esa soledad.

A pesar de todo, hay algo que todavía mitiga el aislamiento que sentimos. En esta etapa, el tamaño, la facturación, la estructura, todo aumenta. La empresa es un "monumento al acierto"; por eso, aunque estemos solos en nuestro rol de empresarios, la soledad es neutralizada por el estatus social alcanzado.

Al aislamiento se le suma la crítica

De manera progresiva entramos en la *etapa de complejidad,* en la que la realidad nos agobia. Solo nosotros comprendemos la envergadura del desafío que enfrentamos y esto hace que aumente nuestra soledad empresarial. Aunque se acerque mucha gente con soluciones y alternativas para los problemas, sentimos que ninguna se adecua a nuestro caso ni responde a nuestras circunstancias.

Y a la soledad, además, se le agrega la crítica de los otros. Todos enuncian errores y cortan leña del árbol caído. El reconocimiento de proveedores y clientes quedó en el camino, como prenda del crecimiento. Nuestra relación con ellos es más distante y ya no nos ocupamos personalmente de sus exigencias. Solo recibimos noticias de ellos por alguna queja.

Nosotros también vemos los errores y al mismo tiempo nos sentimos culpables. No es bueno que en el momento exacto en que tenemos que solucionar los problemas nos paralice la culpa.

Para los demás, ser empresario ya no es un mérito sino una obligación; nadie tolera que bajemos los parámetros de lo logrado. Solo nosotros sabemos que esa condición puede perderse, que en la complejidad todo está en juego. Pero si seguimos así, esto que nosotros vemos puede ser claro para los otros a más o menos corto plazo.

Antes, nuestra guía era la mirada de los otros. Nos impulsaban las señales de aprobación, el hecho de saber que los comprendíamos y que podíamos satisfacer sus necesidades con nuestras concreciones. Ahora, en el peor momento, perdemos ese reconocimiento. El único sostén que nos queda somos nosotros mismos, con nuestra capacidad para autovalorarnos.

El engaño de la búsqueda de consenso

Además, si queremos que la empresa siga adelante, en algún momento deberemos tomar medidas que no van a complacer a todos; habrá favorecidos y perjudicados y, por supuesto, miradas de incomprensión o incluso de hostilidad. Lo peor es que nadie va a juzgarnos por nuestras intenciones; solo los resultados dirán si fuimos o no capaces de resolver la situación.

Estamos solos para afrontar las situaciones y tomar las decisiones. Y esta es en realidad una de las características de nuestra profesión de empresarios. No existe la democracia en los asuntos propios de la dirección y resulta más atinado no compartir ciertos temas con los empleados. Esto no significa que no tengamos que ser receptivos hacia lo que pasa en la empresa, pero pedir opiniones por cada resolución que tomamos puede socavar seriamente nuestra autoridad. A veces, el solo hecho de preguntar "qué les parece" respecto de una determinada decisión pone en juego nuestra jerarquía.

Es cierto que algunos empresarios creen que se puede abrir el juego y no ser tan estrictos. Pero el peligro es grande. Si somos realmente sensibles a lo que sucede en la organización, no necesitamos estar preguntando a cada uno para saber qué opina. En cambio, es bueno que todos sepan que tenemos la última palabra –y en algunos temas, la única–, aun si nos equivocamos.

Asumir la soledad empresarial en su verdadera dimensión consiste en saber que estamos solos frente a las decisiones; no estamos solos en los análisis, en las soluciones ni en los procedimientos, pero sí en la elección de una resolución. Las cosas no se deciden por la lógica, pidiendo consejos de expertos, sumando datos y esperando que el resultado caiga por su propio peso. Siempre hay una parte que nos corresponde a nosotros. Si pasa demasiado tiempo, los hechos resuelven por sí mismos y las consecuencias siempre son peores que los errores que podamos cometer al tomar una decisión.

Aceptar la soledad favorece al negocio

Este par va siempre de la mano. La condición de empresario implica, sobre todo, toma de decisiones. Más allá de su inteligencia, su sensibilidad, o la lucidez de sus opiniones, el líder es el juez último. Por cierto, hay otras opiniones más específicas o interesantes, pero la facultad de decidir es indelegable. El empresario tiene una mirada integral que, sea del nivel que sea, jugará siempre su destino.

La soledad no se apacigua tratando de generar consenso. Podemos tranquilizarnos logrando la aprobación de los otros, pero invariablemente perdemos en capacidad empresarial. No se trata de ir a contracorriente desafiando sistemáticamente los consejos que recibimos. Es solamente que asumir el rol de empresario implica no dejarse arrastrar por la corriente de opiniones que nos circunda.

Si de reconocimientos se trata, siempre estaremos rodeados de miradas y opiniones aprobatorias, no necesariamente por conveniencia; también nos aprueban por coincidir con nosotros, por compartir nuestra visión de las cosas o por reconocer aquello que dio resultado. Sin embargo, nuestra profesión no necesita guiarse por la opinión de los otros y esta es nuestra gran ventaja. Tenemos una valoración continua, no condescendiente y en moneda corriente: la rentabilidad de la empresa.[13] Es la única que indica si vamos por buen camino.

Asumir la soledad de nuestro rol es una cualidad fundamental para la continuidad del negocio.

Receta

Un espacio para la camaradería

Una de las mejores decisiones que usted puede tomar para paliar la soledad y potenciar su rol es *armar y/o participar de un grupo de empresarios*. Es increíble la identificación y pertenencia que brinda un grupo de colegas.

Para los fines que buscamos, es fundamental respetar las siguientes condiciones para formar el grupo.

- No debe tener menos de cuatro integrantes, ni más de seis.
- Solamente concurrirán empresarios. No pueden participar empleados –aun jerárquicos–, ni profesionales independientes.

---

13   Véase el Apartado "Idoneidad empresarial".

- Los integrantes necesariamente tienen que ser de rubros diferentes y no tener entre sí ninguna relación comercial –no deben ser, por ejemplo, proveedores o clientes entre ellos–.
- Deben juntarse una vez por mes, aunque inicialmente no cuenten con una forma de reunión preestablecida. Con el tiempo pueden ir estructurando y cambiando los encuentros todas las veces que necesiten. El punto de partida es la idea de compartir sus problemáticas, hablar de sus dificultades y contrastar sus decisiones.
- No deben conducir la reunión *ni participar* en ella consultores, asesores, *coaches* o capacitadores; solo empresarios.

Este grupo le ayudará a encontrar pares en un mundo donde ser empresario es excepcional. Podrá dar y recibir consejos de quienes viven una situación similar –el hecho de ser empresarios–. Y al no haber ninguna relación económica entre los participantes, no existirán los temores ni las especulaciones que podrían surgir con empleados, asesores, competidores, etcétera.

ACCIONISTA, DIRECTOR Y HACEDOR

¿Mi empresa me ayuda o trabajo para mantenerla?

- Fascinación por la empresa
- El elevado precio de darle todo
- Hay vida más allá de la empresa
- Los tres papeles del empresario
- Empezar por el accionista
- Cómo desarrollar los distintos roles empresariales

Fascinación por la empresa

Cuando el empresario ve a un desconocido leyendo un folleto de su empresa o utilizando su producto, siente el poder de haberlo creado y sabe que esa situación no existiría sin él. Esa capacidad de transformación genera un sentimiento tan fuerte que todo lo que no se relaciona con la empresa queda relegado a un segundo plano.

En sus comienzos, la empresa nos absorbe por completo. Se apodera de nuestro tiempo personal, de los momentos familiares y también de nuestro patrimonio. Necesitamos esa dedicación para fundarla y darle continuidad. Ese poder de atracción juega a favor del desarrollo de la empresa durante la etapa emprendedora y la de expansión.

Sin embargo, con el tiempo, lo que fue una ventaja para la empresa se transforma en una limitación, ya que el hecho de estar totalmente involucrados con el negocio nos impide juzgarlo desde afuera. Para ello necesitamos trascender nuestra profesión. Somos empresarios, es cierto. Pero solamente se trata de nuestra actividad profesional. Y esa profesión está erigida sobre un individuo que tiene cuerpo, salud y vida propia, en la que se incluyen familia, amigos, lecturas, deportes. En suma, una gran cantidad de momentos no laborales.

Como la empresa ocupaba el centro de nuestra vida durante sus primeras etapas, terminamos creyendo que es lógico continuar así y que para crecer y obtener mayores resultados tenemos que destinarle más esfuerzo.

No es cierto. *A la hora de pasar a la consolidación, el negocio no sigue creciendo sobre la base del tiempo que le dediquemos, sino en función de un balance inteligente entre nuestra profesión y nuestra vida personal.* La fórmula "más tiempo = más resultados" pierde vigencia.

En esta etapa debemos cambiar presencia por nueva inteligencia. Esto significa, entre otras cosas, *poner límites.* La empresa es una hija no biológica que demanda todo de nosotros. ¿Siente a veces que no tiene sentido dedicarle más tiempo al negocio?, ¿o que no necesita comprarle nada? No. Siempre podemos poner más dedicación y más capital.

Nos sentimos tan agradecidos que decimos: "Si todo lo que tengo me lo dio esta empresa, ¿cómo, ahora que ella necesita mi tiempo y mi patrimonio, no se los voy a dar?". Olvidamos que somos los constructores de ese ser y que su valor depende exclusivamente de su efectividad. En determinado momento, la empresa ya no necesita protección sino exigencia, distancia y una mirada crítica.

Como no tiene superiores, el empresario no puede esperar que alguien, por encima de él, lo conduzca hacia el "estiramiento" y le exija modelar de otra manera su capacidad empresarial. Sin embargo, existe alguien que puede observarlo, exigirle y motivarlo. Es el *individuo,* la persona que anida en su interior. Si permitimos que ese personaje crezca –sin importar el tamaño que hoy tenga o cuánto de nuestro tiempo ocupe–, podremos juzgar nuestra efectividad empresarial y cuestionar la manera en que empleamos ese operario de lujo que es nuestro propio cuerpo.

El elevado precio de darle todo

¿Cuál es el precio que pagamos cuando no le ponemos límites a nuestra actividad en la empresa?

En primer lugar, un precio en *salud*. El cuerpo sufre las consecuencias de nuestra manera de pensar. Si no cambiamos la mentalidad y la relación con nuestra profesión de empresarios, es posible que el cuerpo empiece a pedir atención urgente.

En segundo lugar, pagamos esa falta de límites *quitándole tiempo a nuestra familia*. ¿Cuántos de nosotros pensamos que no estuvimos presentes en momentos fundamentales? Es normal y suele suceder que a la edad de tener hijos pequeños los padres estén absorbidos por demandas profesionales significativas. Pero lo que debemos preguntarnos es por cuánto tiempo nos privaremos de esos momentos tan valiosos. Si no le ponemos límites, la empresa se lleva nuestra vida, de a poquito.

Pero cuando intentamos acotar las tareas profesionales, surge la cuestión de qué hacer con el tiempo libre. No se nos ocurren actividades ni sabemos muy bien cómo dedicarnos a la familia (en una época, yo creía que disponer tiempo para mis hijos era engordarlos, porque la única salida que hacía con ellos era llevarlos a comer).

Como no estamos acostumbrados a hacer algo distinto, a veces tratamos de "aprovechar" el tiempo libre en cosas para la empresa. Como consultor le sugerí una vez a un empresario que durante los siguientes dos meses no trabajara los miércoles. Un miércoles por la tarde, me llamó para preguntarme si "no trabajar" significaba solamente no comunicarse con la empresa o si tampoco podía usar ese día para ver cosas relacionadas con el negocio. Este empresario quería ir en su tiempo libre a un *shopping*, para mirar qué hacía la competencia.

Nuestra presencia está tan comprometida con la profesión que nos cuesta valorizar o desarrollar adecuadamente otras actividades. Carecemos de prácticas paralelas que nos parezcan importantes. Por eso, no se trata de importancia sino de presencia. Se trata de practicar cosas no relacionadas con el negocio y de encontrar nuevas ocupaciones, para aprender a disfrutarlas y para que el tiempo que le dedicamos al individuo no sirva solamente para ausentarnos de la empresa sino para *vivir otras cosas*.

Finalmente, el tercer precio a pagar por la falta de límites es la *merma del patrimonio personal*. Si la empresa está en problemas, nuestro patrimonio no servirá para ayudarla.

En una investigación acerca de quiebras, convocatorias y cierres de empresas que lideré, sobre una muestra de 526 casos, el 100% había recibido capital de sus dueños durante el último año. Es decir, capital líquido, garantías o avales personales y/o de allegados y que no lograron salvar a ninguna de esas empresas.

"Si no le presto yo, ¿quién va a prestarle?" es el argumento perfecto para un gerente de banco, no para un director de empresa. Cuando el negocio demanda nuestro patrimonio, es porque los proveedores de capital –que saben de riesgos y tratan de no equivocarse al prestar– no le dan lo suficiente.

El empresario siempre cree que la empresa va a salir adelante, por eso *debe ser el último en aportar capital*. No somos buenos como inversores, porque –tratándose de nuestra empresa– nos cuesta diferenciar la inversión que vale de la que no tiene sentido. Lo que debemos aportar es capacidad directiva, porque en ese aspecto somos insustituibles. Si el negocio es rentable, conseguiremos que alguien aporte el dinero. Recordemos entonces que, en este caso, poner límites significa *no confundir el capital de trabajo con el patrimonio personal.*

Hay vida más allá de la empresa

La empresa puede trascender al fundacional cuando hay un nuevo líder y el negocio pasa de una generación a otra. Pero no tiene una existencia que esté por encima de cada liderazgo; *la obra puede trascender al creador, pero no debe ser más importante que su vida.*

Es difícil encontrar una mirada externa que nos ayude a darnos cuenta de esto. Cuando el negocio es rentable, nadie de nuestro entorno empresarial –empleados, proveedores, clientes, consultores– se pregunta si lo estamos logrando a costa de la salud o con renuncias vitales. Solamente se dan cuenta aquellos que comparten nuestros aspectos más personales.

En este punto, una ayuda esencial es la del cónyuge. Sea hombre o mujer, nuestra pareja puede escuchar nuestros requerimientos paralelos y cuestionar nuestra falta de tiempo para la vida personal. Pero esto ocurre únicamente cuando no trabaja en la empresa. De lo contrario, se convierte en "cómplice" a la hora de demorar vacaciones, distanciarse de amigos y renunciar a inversiones personales en pos de darle a la empresa algo más de nosotros.

Los tres papeles del empresario

El hecho de otorgarle a nuestra vida personal un lugar privilegiado no solo sirve para proteger la salud, la familia y el patrimonio –y, por supuesto, nuestra calidad de vida en general–, sino que beneficia fundamentalmente a la empresa. Más aún: *cuanto más cuidemos al individuo que somos, mejores empresarios resultaremos.* Es el único camino para superar la

Performance Empresarial Natural y construirnos como empresarios para toda la vida.

El empresario cumple diversos roles que, en un principio, están mezclados: el de *accionista,* el de *director* y el de *hacedor.*

1. El papel de **accionista** deriva del hecho de ser dueño. En cualquier tipo de negocio, *un accionista es quien exige rentabilidad final para su inversión.* Esto significa que va a retirar dividendos por los resultados obtenidos, independientemente del crecimiento de la empresa. Si a un inversor se le dice que aunque su capital haya crecido la empresa necesita que lo reinvierta, y eso sucede una y otra vez durante varios ejercicios, no estará conforme. Un negocio que nunca permite retirar no es verdaderamente un negocio. Si para mantener su performance la empresa necesita siempre del capital que genera, la rentabilidad pasa a ser una idea abstracta, casi una ficción.

   Por otra parte, un inversor pretende que exista una dirección que se haga responsable por el uso del dinero, para que ese negocio no le demande tiempo personal; el accionista puro es el que retira parte de las ganancias y, además, cuida su tiempo.

2. El papel de **director** consiste en decidir acerca de la estrategia de negocio. Refiere a la elección de productos o servicios, canales de ventas, procesos, recursos, etc. La otra función del director es la de estructurar la organización, lo cual implica encuadrar, plantear objetivos, controlar e incentivar a la gente.

3. En el papel de **hacedor** intervenimos en la ejecución. Aunque es fácil identificarlo porque requiere de nuestra presencia, es difícil encontrarlo separado de los otros; generalmente, cuando realizamos una tarea también estamos tomando decisiones desde nuestro rol de director o de dueño.

    Por ejemplo, al mismo tiempo que negociamos una compra, decidimos también sobre la posibilidad de cambiar un insumo en los productos futuros.

    El poder de decisión y la visión integral del negocio potencian nuestra función de hacedores. Por eso, cuando nosotros mismos hacemos las cosas tenemos resultados que difícilmente se igualan.

Estos tres papeles del empresario pueden definirse y entrenarse por separado para producir mejoras en la empresa. Pocas veces los dueños de las pymes toman verdadera dimensión de la importancia de los papeles de accionista y director. Por eso es crucial trabajarlos en forma específica.

Empezar por el accionista

La manera más fácil de entrenarnos en estos roles es *privilegiando el papel de accionista*. Es el accionista el que exige un director cada vez más potente.

Esto se logra haciendo crecer nuestra individualidad, *cuidando el tiempo y el patrimonio personal*. A veces esto genera culpas porque –como somos los que más ganamos– creemos que debemos trabajar más que los otros. Para contrarrestar este sentimiento recordemos que nuestro rol de liderazgo es único e insustituible, y no se mide en cantidad de horas de trabajo.

En relación con el tiempo, nos autoengañamos cuando agregamos tareas que demandan todavía más tiempo y más esfuerzo personal en una agenda saturada. Decimos: "Esto lo manejo con dos horas de trabajo por semana", "este tema tengo que tomarlo yo", "con un día por mes lo resuelvo". Son todas maneras de subestimar los esfuerzos personales que requieren las decisiones que tomamos. Si sumamos más ocupaciones cuando el tiempo ya no nos alcanza, ¿a qué renunciamos?, ¿de dónde sacamos disponibilidad para lo nuevo?

En cuanto al patrimonio, es fácil evitar autoengaños porque su evolución es más tangible. Lo que debemos hacer es *retirar el 25% de la rentabilidad* de la empresa. No importa si al negocio le puede venir bien que se lo dejemos. Lo esencial aquí es priorizar el rol de accionista y dejar de actuar como capitalistas de nuestra propia empresa.

Por otra parte, es necesario saber que si además de ser dueños somos directores y gerentes, cobraremos honorarios de director y remuneración por la gestión, todos conceptos que pertenecen a los gastos de estructura y no se cuentan como parte de los retiros de rentabilidad (dividendos).

Estos retiros no van a limitar el desarrollo del negocio. Por el contrario, son los que permitirán sumarle una nueva exigencia a la empresa, que luego se transformará en una mejor performance.

El capital de trabajo es como el espacio: si falta, trae costos adicionales, pero si sobra, provoca caída en la excelencia de la gestión, acumula un stock que luego se inmoviliza, haciéndonos perder dinero. Este capital funciona como los lípidos en el cuerpo: los necesitamos, pero en exceso aletargan, disimulan problemas y terminan insumiendo energías por sí mismos. Una vez que encaramos la consolidación de la empresa, una de las premisas es tener *empresas flacas, con lo justo y necesario, y patrimonios personales importantes.*

Si separamos y entrenamos estos tres papeles, dejaremos de padecer, junto con nuestra familia, las privaciones que con frecuencia sufrimos por entregarle el patrimonio y el cuerpo a la empresa.

Cómo desarrollar los distintos roles empresariales

La manera de crear el espacio mental y afectivo para aumentar su capacidad directiva es crecer en su función de accionista.

En muchos casos, su cónyuge es quien lo ayudará a transformarse en un accionista óptimo, aportándole una mirada valiosa a la hora de cuidar su tiempo y su patrimonio personal.

Receta

Asuma el siguiente comportamiento:*

- Retire el 25% del resultado del negocio.
- Aumente con eso el patrimonio personal no comprometido con el negocio. No invierta en otros negocios sino en activos fijos.
- Mida su evolución cada seis meses y muestre ese resultado a algún testigo –puede ser su cónyuge o los empresarios de su grupo de pertenencia– para realizar de este modo una ceremonia de cambio.
- Durante seis meses, anote las horas que trabaja. Luego, sume las horas mensuales y vaya comparando los valores mes a mes, para ver si efectivamente disminuye su tiempo de dedicación al negocio.

---

* En general es más fácil aplicar estos consejos a partir de los 40 años de edad.

En el caso de que los puntos primero y/o cuarto no evolucionen en forma adecuada, defina el plan de acción para cambiar esa situación.

Con estos consejos, no solo vamos a mejorar nuestra calidad de vida sino las posibilidades de futuro de nuestra empresa. Cuando comenzamos a ver que la empresa es generadora de dividendos y que esos beneficios no llegan únicamente con nuestro esfuerzo, logramos tener una mirada externa que aporta una mayor exigencia a la empresa, un mejor estiramiento y una mayor inteligencia directiva; en definitiva, mejores resultados.

IDONEIDAD EMPRESARIAL

¿Cómo evaluar mi capacidad empresarial?

- La mirada de los otros
- Misión y ganancia
- La medida más válida de todas
- La imagen no es la rentabilidad
- Expresiones que avisan
- Un consejo valioso
- Cómo evaluar nuestras decisiones empresariales

La mirada de los otros

En las primeras etapas, el motor del empresario es el reconocimiento de los otros. Lo que lo impulsa a concretar sus proyectos y a escalar posiciones es mostrarle a los demás –y a sí mismo– su capacidad para crear nuevas realidades. Las ganancias solo son un medio para seguir creciendo.

Más adelante, cuando llega a su PEN y que el crecimiento deja de asegurarle el futuro, ya que puede crecer y al mismo tiempo empeorar, el desarrollo se mide con resultados, traigan estos o no aparejado un mayor tamaño para la empresa. *Surge entonces un nuevo parámetro para evaluar la capacidad empresarial: la rentabilidad del negocio.*

Ni el nivel de facturación, ni la antigüedad de la empresa, ni la participación en el mercado, ni el posicionamiento de la marca, ni la cantidad de empleados son señales fidedignas de la efectividad de nuestra empresa o de nuestra capacidad como empresarios. Una vez lograda la

PEN, es la ganancia la que permite evaluar tanto la efectividad general de la empresa como la de las funciones específicas.[14] Dada la regularidad que adquiere el negocio en esta etapa, recién ahora estamos en condiciones de medir esos resultados. A partir de este momento, *solamente la creación de valor señalará nuestra capacidad empresarial.*

Misión y ganancia

Esto no significa que la rentabilidad deba transformarse en nuestro objetivo. Es necesario separar la misión, o sea, la razón de ser de nuestra profesión empresarial, de la forma en que se manifiesta su éxito. La rentabilidad es como la temperatura corporal: sirve para señalar si estamos sanos o no, pero no debemos trabajar permanentemente para estabilizar la temperatura sino para tener buena salud.

Del mismo modo, nuestra misión no es ganar dinero. Podemos proponernos fabricar zapatos de diseño único, o importar artefactos que nadie más va a traer al país, o brindar un servicio profesional especializado. Cada uno en su nivel cumple su misión de la mejor manera. Pero cuando un empresario dice: "A mí lo único que me interesa es ganar dinero", está confundiendo valores. Si tiene trayectoria, es posible que lo diga para convencerse de que necesita orientar sus decisiones hacia el beneficio económico, porque seguramente sabe cuál es la misión que lo mueve y lo apasiona desde hace tantos años.

Nuestra misión como empresarios no es ganar dinero, por más que sea el dinero ganado el parámetro principal para medir con qué efectividad estamos desarrollando nuestra profesión.

Este indicador es esencial y no hay que desatenderlo, porque garantiza la continuidad del negocio. A la hora de adquirir nuestros productos o servicios, los clientes no averiguan si

---

14 Véase el Apartado "Las funciones del negocio".

la empresa es rentable o no, pagan según la conveniencia de lo que están comprando. Sin embargo, en la ecuación final de costos y precios, el mercado se las arregla para otorgarles continuidad solamente a las empresas rentables.

La medida más válida de todas

La rentabilidad es *el premio a nuestra efectividad.*

Este premio resulta de varios factores: lo que ofrecen otros jugadores, la manera en que nos percibe cada cliente y nuestra capacidad organizativa, entre otros. Cada aspecto aporta algo al resultado final. En contraste con los parámetros para juzgar el desempeño profesional en otros ámbitos, la rentabilidad es un signo poderoso de fundamental validez, ya que nadie lo digita, sino que surge espontáneamente de la combinatoria de distintas variables. Pocas actividades laborales tienen una manera tan clara de medir la efectividad profesional.

En la madurez de la empresa, ya no sirve conseguir el aplauso de la tribuna ni trabajar para el bronce. Tenemos que buscar rentabilidad. En los dos apartados anteriores dijimos que era importante asumir nuestra profesión de empresarios y cuidar al individuo que llevamos dentro. Ahora decimos que necesitamos también aprovechar este indicador inteligente que mide nuestra efectividad, para mirarnos a nosotros mismos y juzgarnos a través de él.

COSTO VARIABLE

$

FACTURACIÓN

RENTABILIDAD

GASTOS GENERALES

La imagen no es la rentabilidad

Cuando la empresa estaba creciendo, su imagen era más importante que su caudal de negocio. ¿Recuerda?: "¡Le dijimos que podíamos ocuparnos y en realidad era la primera vez que lo hacíamos!". Esto nos permitía seguir expandiéndonos. Pero ahora la imagen y el negocio deben desarrollarse de manera pareja.

Antes cuidábamos la imagen, tratando de mostrarnos acompañados por marcas prestigiosas o empresas reconocidas. Ahora que tenemos trayectoria e imagen propias, nosotros vamos a elegir –según nuestra conveniencia– a los proveedores, distribuidores o clientes que pondremos a nuestro lado.

Una librería con 20 años de trayectoria no necesita caer seducida cuando una empresa multinacional le ofrece ser el representante exclusivo de sus cartuchos en la zona. Debe analizar puntualmente si ese negocio le conviene o no, aunque crea que esa marca va contribuir a su imagen. Una empresa de 20 años es autónoma para decidir su crecimiento y no precisa construir reconocimiento a costa de negocios poco rentables.

Esto es fácil de definir, pero difícil de juzgar. ¿Cómo podemos saber si efectivamente nos conviene? La única manera de decidirlo es evaluándolo en función de las ganancias.

No por eso tenemos que dejar de lado la imagen, pero corresponde elegir los negocios por los beneficios que nos dejan. Una vez definido este punto podemos decidir en qué invertir y cómo comprar imagen.

Es preciso hacer dos aclaraciones respecto de basar las decisiones en la conveniencia y en la rentabilidad.

En primer lugar, no hablamos de mirar solamente los beneficios inmediatos o de corto plazo. Podemos tomar decisiones para obtener ganancias en el futuro. Pero para invertir es necesario hacerlo desde el criterio de que en algún momento vamos a tener ganancias.

En segundo lugar, cuando hablamos de medir resultados nos referimos a evaluar claramente los efectos de lo que hacemos. *Necesitamos resultados tangibles.* No es cuestión de invertir en algo cuyos beneficios son tan generales e invisibles que nunca podrán medirse. Por ejemplo, cuando decimos: "La exposición no nos trajo contactos inmediatos, pero siempre, tarde o temprano, algo trae", estamos diluyendo los resultados en una abstracción general que no podemos evaluar. Seguramente, detrás de esa excusa vendrán decenas de decisiones que no serán rentables.

Cuando, por la actividad que despliega la empresa, todos creen que estamos ganando y nosotros sabemos que no es así, ocurre lo contrario de lo que nos conviene. En esta instancia, imagen y rentabilidad pueden entrar en conflicto: lo que nos trae buena imagen puede llevarnos a perder dinero. Por eso es absolutamente crucial tener claro que *la rentabilidad debe estar en el centro de nuestras decisiones y, en segundo término, la imagen.*

Expresiones que avisan

Algunas de las decisiones que eran beneficiosas en etapas anteriores, ahora nos perjudican. Tenemos que prestar atención a frases como las siguientes porque son indicios evidentes de que continuamos funcionando impulsados por el reconocimiento y la imagen, a costa de la rentabilidad.

- "¡Nos eligieron para ser su distribuidor exclusivo! Y es la principal marca del rubro."
  ¿Nos conviene hacerlo?, ¿los productos o servicios que incorporemos serán más rentables que los que tenemos?, ¿nos demandará menos capital de trabajo? Aunque nos hayan elegido, eso no es suficiente

para aceptar la propuesta; ahora somos nosotros los que tenemos que evaluar y decidir.

- "¡Un cliente superexigente nos pidió que nos hagamos cargo de todo! Dicen que somos los mejores y que prefieren delegar en nosotros la totalidad del paquete."

Otra vez tenemos que preguntarnos si nos conviene. Una decisión como esta solo es beneficiosa si agrega más resultados que complejidad.

- "Siempre fue un buen cliente, ahora está pasando por momentos difíciles y puede transformarse en incobrable. Crecimos gracias a él y dicen que ahora es riesgoso venderle porque está muy endeudado, pero ¡siempre pagó!"

"Siempre" es antes, cuando era solvente. Hoy, ¿nos conviene como cliente?, ¿otro proveedor le vendería? En realidad, podemos venderle o financiarle por conveniencia y solvencia comercial ahora, pero no por haber sido un buen cliente en el pasado.

- "Siempre tuvimos un estand en esa exposición. Si ahora no participamos, van a pensar que tenemos problemas."

Debemos preguntarnos cuál es la decisión más conveniente *ahora*. Nuestra meta es vender productos o servicios. Podemos emprender acciones de posicionamiento o tratar de mejorar la imagen, pero no debemos esclavizarnos por esas acciones. Porque si es así, tendremos problemas de verdad.

- "En su tiempo fue un muy buen empleado, aunque hoy no quiera cambiar sus métodos de trabajo y esto nos perjudique."

No importa lo que pasó antes. Tenemos que decidir si lo conservamos en función de lo que aporta *hoy* a nuestro negocio y de acuerdo con el potencial que tiene *ahora*.

- "Nos eligió para que ese trabajo lo hiciéramos nosotros, dijo que quiere que seamos sus proveedores."

  ¿Nos dijo eso antes o después de la cotización? Si lo dijo después, es que realmente nos eligió. Si fue antes, puede estar tratando de presionar para que adecuemos la cotización a sus posibilidades. De algún modo, al hacer esto, nos está poniendo la mano en el bolsillo.

- "Si le aumento, dejará de comprarme y se irá con la competencia."

  A veces tenemos miedo de que no nos quieran como antes y que elijan a otros. Aquí, nuevamente, la palabra es *conveniencia*. Si tenemos que resignar rentabilidad para conservar ese cliente, tal vez no nos convenga seguir vendiéndole.

Un consejo valioso

Hay que tener cuidado con los reconocimientos. No se trata de desechar la mirada de clientes, proveedores y empleados, sino de estar atentos a que esa mirada no sea la que determine nuestras decisiones de negocio.

Las decisiones de un empresario son juzgadas por su rentabilidad y solo somos buenos si tenemos un negocio rentable. ¿Esto nos hace fríos y sin sensibilidad? No, somos empresarios *sensibles al rol que hemos asumido*, el de creadores de valor. Así como la sociedad necesita cirujanos que se atrevan a operar y jueces que se animen a dictar sentencia, requiere empresarios que sepan crear valor.

De algún modo, es más fácil pensarnos como "creadores de valor" que como "ganadores de dinero", porque en nuestra sociedad suele considerarse que detrás del enriquecimiento hay procedimientos *non sanctos*. ¿Qué pensamos cuando un vecino aparece con un auto mucho mejor del que imaginábamos para su estatus? ¿Que está mejorando en su profesión o que "algo habrá hecho" para conseguirlo? Tendemos a juzgar como pecaminoso el enriquecimiento de los otros y ese preconcepto limita nuestras decisiones como empresarios.

Receta

Una sugerencia sumamente útil que ayuda a cambiar esas concepciones es realizar donaciones fuera de la empresa, a gente o instituciones que no tengan que ver con el negocio. No es necesario que sea algo sistemático ni que se transforme en una nueva obligación, pero donar significa dar a alguien que lo necesita. El hecho de ayudar a quienes no tienen otras posibilidades nos permite cambiar nuestra manera de sentirnos, sin perder el foco del negocio.

Cómo evaluar nuestras decisiones empresariales

Por otra parte, tenemos que *modificar la manera de juzgar nuestras decisiones*. Si queremos que la rentabilidad sea la medida del desempeño empresario, conviene asumir lo siguiente.

1. Explicite las decisiones que se toman para mejorar la imagen o el posicionamiento pero que sacrifican parte del resultado económico. En todos los casos, mida con claridad su costo y a partir de ahí decida su conveniencia.
2. En aquellas decisiones que tienda a demorar –como no aumentarle el precio a un cliente por temor a perderlo o no prescindir de un empleado por el costo que implica–, programe la fecha en que va a volver a analizar el tema y a resolverlo. No lo demore indefinidamente, porque eso equivale a decidir que no va a hacer nada.
3. En la evaluación de políticas de la empresa, tenga en cuenta la tendencia general y no las particularidades.

Por ejemplo, si actualiza la lista de precios, ¿ganará más a corto y a mediano plazo? Aunque sepa que en casos puntuales algunos clientes dejarán de comprarle, tiene que evaluar si, *en general,* esa decisión le conviene.

4. Avale las decisiones con el análisis de "Resultados de negocio por contribución marginal y evaluación de la situación patrimonial".

Cuando uno mira la trayectoria de los empresarios, observa que no ocurre lo mismo en el mundo de las pymes que en el del deporte, donde los más jóvenes siempre tienen ventajas. Aquí gana cada uno en su propio andarivel, en su nivel competitivo y cuanto mayor es la experiencia, más aumentan las posibilidades de lograr mejores resultados.

Es necesario saber que en el dinero está la forma de conocer nuestra efectividad. El hecho de medir los resultados agrega un poder de evaluación que no teníamos antes y que podemos aprovechar para tomar decisiones. No solo brinda una dimensión de nuestra competencia empresarial sino también una manera de prever la continuidad de nuestro negocio. Nos abre una puerta hacia el futuro.

ORGANIZACIÓN

METODOLOGÍA PARA AUMENTAR LA PRODUCTIVIDAD

GESTIÓN INTEGRADORA

¿Por qué tengo que intermediar continuamente entre las diferentes áreas?

- Empresarios o mediadores
- Cuando lo mejor no es lo conveniente
- El organigrama no alcanza
- La excepción es la regla

Empresarios o mediadores

Con el crecimiento de la organización tenemos que delegar tareas y las estructuramos por áreas de especialidad: alguien que se encargue de *compras*, un responsable de *producción* –si se trata de una industria–, un jefe de *ventas*... A medida que armamos un organigrama, lo hacemos convencidos de que si cada uno cumple adecuadamente con lo suyo, las cosas tienen que funcionar. Sin embargo, no es así, la empresa queda dividida en "quintas" y nosotros nos transformamos en mediadores.

Es que la creación de valor atraviesa diferentes áreas que tienen que vincularse entre sí. La producción sin ventas no puede sumar valor y la venta sin productos o servicios, tampoco. Una de las secuelas más fuertes de esta manera de organizar es haber partido en dos el criterio de negocio que funcionaba en nuestra cabeza cuando éramos nosotros los únicos que decidíamos y hacíamos. Ese criterio queda dividido en:

- **el criterio de gestión**, que implica la coordinación y priorización en las decisiones para lograr efectividad en los resultados;
- **el criterio de especialidad**, referido al conocimiento técnico de las tareas específicas comprendidas en cada actividad.

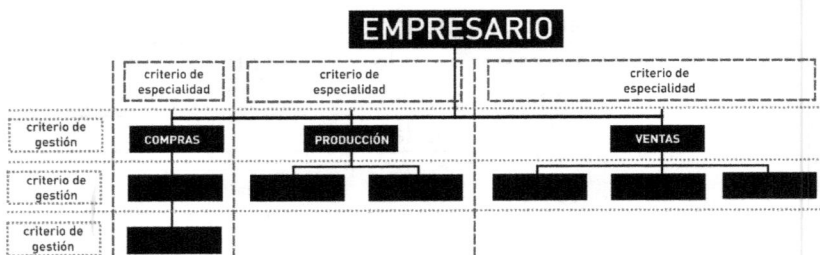

Cuando lo mejor no es lo conveniente

Esta limitación del organigrama –dividir por áreas de especialidad– hace que se priorice la eficiencia de cada sector respecto de los objetivos del negocio. El responsable de compras, entonces, trabaja prolijamente pidiendo presupuestos y eligiendo las mejores condiciones; el vendedor acepta especificaciones insólitas con tal de vender; la gente de producción pide insumos con demasiada anticipación con tal de programar su área…; todo esto, que hacen para optimizar el propio sector, perjudica el resultado del negocio en su conjunto. *La suma eficiente de las partes no da el mejor resultado del negocio.*

En la mayoría de las empresas, por ejemplo, la persona que se dedica a las cobranzas tiene el objetivo de cobrar en término. Su gestión se puede medir por la cantidad de "días en la calle". Si esta persona pretende lograr la máxima optimización en su sector utilizando solo su criterio de especialidad, es muy probable que en más de una oportunidad presione a los clientes, por lo que se puede llegar a perder cuentas fundamentales para el negocio. Esto sucede porque no aplica el criterio de gestión. El empresario, en cambio, sabe a quiénes presionar más, a quiénes menos y de qué manera hacerlo. Pero este criterio interior es difícil de transmitir a través de una regla general.

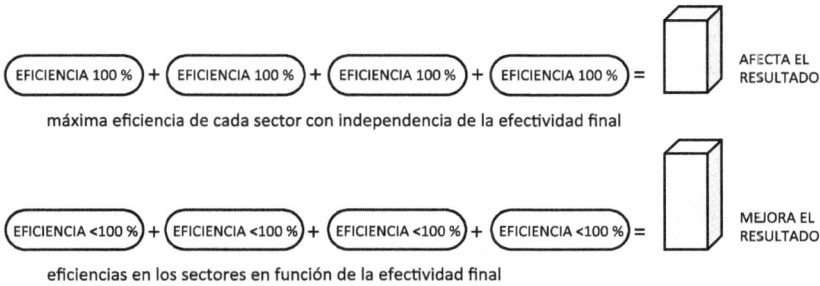

EFICIENCIA 100 % + EFICIENCIA 100 % + EFICIENCIA 100 % + EFICIENCIA 100 % = AFECTA EL RESULTADO

máxima eficiencia de cada sector con independencia de la efectividad final

EFICIENCIA <100 % + EFICIENCIA <100 % + EFICIENCIA <100 % + EFICIENCIA <100 % = MEJORA EL RESULTADO

eficiencias en los sectores en función de la efectividad final

Siguiendo la lógica de especialidad, un responsable de planta se negará a interrumpir una producción programada para cumplir con un pedido interesante y urgente que estaba fuera de lo planificado. Sus argumentos serán prácticamente irrefutables: pérdida de insumos, horas de máquina, alteración de la programación, falta de eficiencia… Sin embargo, desde la óptica de negocio, el empresario evaluará los beneficios mediatos o inmediatos, no la optimización exclusiva del sector. Por supuesto, a los ojos de un ingeniero, de un programador de la producción o del responsable de planta, una decisión de ese tipo, por más que esté regida por el más sensato sentido de negocio, será mediocre o chapucera.

Al estructurar la empresa por áreas, la especialidad termina encasillando a las personas en una manera de pensar, de decidir y de actuar. Por eso, aun cuando tratan de hacer las cosas lo mejor posible para su sector, las decisiones que toman suelen ser incompatibles con las necesidades del negocio.

La eficiencia de cada sector atenta por momentos contra la efectividad del negocio; la suma productiva de cada especialidad no da la mejor rentabilidad final, e incluso, si se insiste en esa postura pueden producirse pérdidas significativas.

El organigrama no alcanza

Ante situaciones como estas quedamos atrapados, como "gestores de lujo", zanjando los conflictos entre las diversas especialidades, tapando agujeros o resolviendo cuestiones que aparentemente nadie puede definir. Todos esperan que, una vez más, seamos nosotros los que coordinemos y asumamos las decisiones para que la rueda camine.

Es que esta forma de estructuración no solo fragmenta el criterio de decisión sino también el sentido de costo-beneficio, separando a los integrantes de la empresa entre quienes buscan el ahorro, como la gente de producción, y quienes intentan mayor facturación, como la gente de ventas.

Como todo fenómeno viviente, la empresa *no se puede dividir en partes* porque todo está relacionado de alguna manera.

La excepción es la regla

Otra manera de no ver que la empresa es un organismo vivo que funciona en un entorno cambiante es cuando implementamos sistemas y procedimientos con la esperanza de que delimiten la toma de decisiones. Siempre aparecen excepciones que requieren que los procedimientos iniciales se modifiquen y se hagan más y más sofisticados. Los sistemas solo sirven para tomar decisiones de modo mecánico porque son indiferentes a diversidades, matices y casos concretos, es decir, a todo lo que hace a la *sensibilidad del negocio*.

En la medida en que sostengamos la metáfora de organismo viviente para mirar nuestra empresa podremos desarrollar una modalidad orgánica de conducción que, en vez
de despojar de la capacidad de decisión a las personas, va a
otorgarles, a cada una en su medida, el protagonismo para
administrar el conjunto de variables que tienen que ver con
su contribución al negocio. Al desarrollarse orgánicamen-
te, aprovechando el criterio de la gente y aceptando que los
procedimientos no pueden abarcar todas las variables, se
multiplican las posibilidades de crecimiento de la organización en forma armónica.

En el apartado siguiente veremos que la estructuración
por funciones del negocio permite recomponer el protagonismo y el sentido de negocio de la gente, sin desarmar el
organigrama que la empresa ya tenía establecido.

LAS FUNCIONES DEL NEGOCIO

¿Cómo desarrollar el criterio de la gente?

- Necesito gente con criterio
- De prolijidad a efectividad
- Los cuatro ejes de creación de valor
- ¿Por qué es importante definir las funciones del negocio?

Necesito gente con criterio

Hemos incorporado personal justamente para que nos ayude, por eso nos amarga ver que a medida que aumenta la estructura disminuye nuestro propio tiempo. Si más gente implica menos tiempo y una pesada carga, esto significa que tenemos que desarrollar nuevas formas de organizar y conducir.

Lo primero que se necesita para recuperar el criterio es crear el escenario, es decir, armar el tablero y definir las reglas para que las personas jueguen. Es lógico que la empresa ya cuente con un organigrama, pero es fundamental que los distintos sectores se comuniquen porque si no lo hacen, no terminan de comprender el negocio. Hay una forma de estructuración sumamente efectiva que, sin desarmar el organigrama, genera que la gente trabaje en equipo y decida con criterio de costo-beneficio. Es la estructuración por funciones del negocio.

De prolijidad a efectividad

¿Qué es una función? Así como las áreas del organigrama están definidas por la especialidad, lo que define una función es un *objetivo de negocio*. Una función es un conjunto de tareas integradas que *agregan valor para el negocio*, es decir que con determinados recursos de entrada produce una salida de mayor valor y esta salida, este resultado, siempre se puede medir.[15] Es como cuando se terceriza un trabajo: se paga un precio para que la gente contratada tome decisiones y realice tareas por sí misma para darnos un resultado.

Veamos en un ejemplo cómo las funciones no desarticulan el organigrama, sino que mejoran las decisiones al enfocarlas en un resultado de negocio. En una empresa comercial, una función muy importante es administrar el stock. El responsable de esto, desde la perspectiva del organigrama, es quien tiene el puesto de "comprador". Si trabaja para lograr lo mejor para su área y busca siempre comprar al menor precio posible y con las mejores condiciones de pago, esta eficiencia no es buena para el negocio en su conjunto. Factores como la ocupación del depósito, el deterioro por roturas, alguna demanda excepcional de clientes de valor, el vencimiento, el cambio de moda y los artículos faltantes… pueden salirle más caros que el ahorro que se hace para el sector. Si este comprador, en vez de trabajar para la perfección de la compra, trabajara para un objetivo, como por ejemplo el valor de stock en un 10% con eliminación de faltantes, estaría desarrollando una función para el negocio.

Muchas veces creemos que la gente desarrolla funciones, pero lo que hace son tareas. Y es algo muy distinto. Las tareas refieren a qué hay *que hacer*. Por ejemplo: pedir cotizaciones a proveedores, comparar precios en Internet, hacer llamadas telefónicas, conciliar cuentas bancarias… En una empresa, las tareas son numerosas.

---

15   Véase la importancia de la medición en el Apartado "Objetivos medibles".

Las funciones refieren a *para qué* hay que hacer lo que se hace, o también se pueden identificar determinando qué hay que *lograr*. Al definir una función, por ejemplo la de captar clientes, las tareas podrán ser unas u otras dependiendo de varios factores, y muchas las decidirán las personas que tienen que llevarlas adelante. En cambio, la *función* de captar está definida por un objetivo de negocio, que en este caso es que determinada cantidad de clientes potenciales consulten.

Para saber si una tarea está bien hecha, cotejamos si se siguió correctamente el procedimiento. En cambio, para evaluar una función lo que se mira es el resultado que se obtuvo.

TAREAS	FUNCIONES
Numerosas y variables	Pocas y esenciales
Prolijidad	Efectividad
Subordinadas a procedimientos	Subordinadas al flujo de valor del negocio

Los cuatro ejes de creación de valor

Un negocio es un grupo de acciones que, sumadas, producen un resultado económico mayor que los recursos necesarios para realizarlas. Los cuatro ejes principales de creación de valor para el negocio son los que siguen.

1. **Diseño y/o elección de productos o servicios**: crea valor al elegir o diseñar lo que se va a vender.
2. **Comercialización:** crea valor al captar clientes, cotizar cuando el caso requiera evaluar la oferta y venderles los productos o servicios.
3. **Logística:** crea valor al fabricar o reponer los productos o servicios que se venden y al entregárselos a los clientes.

4. **Administración de capital de trabajo:** crea valor al evaluar los créditos, las cobranzas y administrar el efectivo.

Sin embargo, el peso de cada función en el resultado global varía de una empresa a otra.[16] Es decir, difieren los objetivos del negocio y las maneras de crear valor. Por eso, para cada empresa las funciones principales –aquellas que no pueden fallar si queremos que el negocio marche– son distintas. Algunas empresas tendrán funciones que en otras estarán casi anuladas. En el caso de las farmacias, una función importante es la de administrar el stock. En cambio, en una empresa de desarrollo de software, esa función ni siquiera existe.

Una vez identificados los cuatro ejes de creación de valor de un negocio podemos definir los objetivos a lograr en cada uno y, de ese modo, ponerles un nombre propio a las funciones significativas de cada eje.

Por ejemplo, en una empresa que hace instalaciones, la función de cotizar es muy importante dentro del eje de comercialización. El objetivo de cotizar es lograr que el cliente elija nuestra empresa y que, a la vez, esa cotización deje un determinado margen de utilidad. Para hacer una cotización "vendedora" y "rentable", además de quien se ocupa de los costos y presupuestos tendrán que aportar su opinión el vendedor y quien se ocupa de la ingeniería y ejecución de la obra. *Las funciones requieren que se combinen los conocimientos de diferentes especialidades.*

¿Por qué es importante definir las funciones del negocio?

Pensando en términos de resultados y no de tareas por realizar se nos abre un panorama totalmente distinto. Definiendo

---

16 Véase Anexo III, "Las funciones del negocio".

las funciones del negocio a partir de los cuatro ejes de creación de valor, podemos:

1. **Elevar el criterio de la gente para decidir.** Cuando las personas saben con claridad qué hay que lograr y cuál es el resultado deseado, mejoran su criterio para decidir. En circunstancias en que se les plantea una disyuntiva, no decidirán en relación con las reglas fijadas sino según cuánto se acerque cada opción al resultado deseado.

2. **Facilitar la medición y el control del rendimiento.** En cada una de las funciones conseguimos determinados resultados a través de recursos. Por ejemplo, gastamos dinero en varias actividades de promoción y obtenemos un resultado que es la captación de clientes potenciales. Cuando se definen las funciones principales del negocio se puede determinar con mayor facilidad las cifras de entrada (recursos) y de salida (resultados) de cada una de ellas. Se puede ver la función como un grupo de variables que tienen tendencia de resultados y evitar así caer en lo anecdótico para conducir cada actividad.

3. **Focalizarse en el negocio.** La multiplicidad y urgencia de las tareas muchas veces nos desvían del propósito principal y nos confunden: actuamos como si las tareas tuvieran un valor en sí mismas. Si nos concentramos en las funciones definidas de acuerdo con lo que necesita el negocio, la organización se mantiene alineada con el "para qué" lo estamos haciendo y no con el "qué" hacemos.

4. **Abrir alternativas.** Así como los procedimientos tienen que seguirse al pie de la letra, la definición de funciones abre alternativas y otorga mayor libertad para elegir dentro de una gama más amplia de tareas que pueden contribuir al resultado.

5. **Diferenciar lo urgente de lo importante.** Las tareas suelen ser urgentes porque se refieren a lo inmediato, a lo que hay que atender cada día. En cambio, el resultado que se persigue a través de cada función muestra siempre lo importante.

Es fundamental *definir las funciones principales de nuestro negocio*. Esto evita las "zonas grises" de las que nadie se hace cargo, recupera el criterio de la gente y nos permite delegar de manera que no tengamos que intervenir en cada decisión. Al definir las funciones, los costos y beneficios dejan de estar separados y se consigue, de ese modo, un equilibrio de efectividad.

EL METABOLISMO

¿Por qué tomo gente capaz
y al poco tiempo se vuelve incapaz?

- Inoperancia y falta de reacción
- De tanteos a mandamientos
- Las reglas implantadas
- La personalidad de la empresa
- Los resultados del negocio en manos de la cultura
- Señales de inadecuación
- ¿Cómo modificar la cultura?

Inoperancia y falta de reacción

¿Por qué cada vez que intentamos corregir algo planteando normas, hablando con nuestra gente o reemplazando a alguien, al poco tiempo terminamos en lo mismo? Tenemos que empujar permanentemente para que las cosas salgan y lo peor es que terminamos sintiéndonos impotentes para modificar lo que funciona mal.

Lo que pasa es que, aunque movamos todas las piezas susceptibles de cambiar algo –los empleados, la tecnología, los tiempos, los procedimientos...–, no manejamos la verdadera causa; ni siquiera la advertimos, porque estamos sumergidos en ella.

Ese "metabolismo" intangible que condiciona todas las acciones y resoluciones que tienen lugar en la empresa es lo que se llama *cultura organizacional*. Para bien o para mal, la cultura afecta a los resultados del negocio, a la mentalidad de la gente y a la efectividad de la organización. Analizando cualquier parte de la organización encontramos rastros de esa cultura. Es como la sangre: en cualquier punto del cuerpo del que se extraiga una muestra, los resultados son los mismos.

De tanteos a mandamientos

La cultura se forma de modo espontáneo a lo largo de la historia de la empresa, a partir de lo que sale bien y de lo que sale mal. Cuando algo da buen resultado, automáticamente se imita, y cuando sale mal, se censura. Así se generan significados y preceptos expresados en frases que, en un principio, no tienen otra función que la de plasmar la experiencia común para simplificar las decisiones. Incluso en la actualidad, gracias a la cultura no es necesario tomar una decisión por cada acción que realizamos, lo cual nos ahorra tiempo y esfuerzo.

En las etapas iniciales de la empresa hay que *aunar criterios* en torno a algunos aspectos.

- **No repetir errores**, como, por ejemplo:
  - "Revisa bien cuando te entrega un proveedor si no quieres tener sorpresas",
  - "Dale un mayor plazo de entrega para asegurarte de que lleguemos a cumplirlo".
- **Obtener buenos resultados**, como:
  - "No contradigas al cliente si quieres que te compre",
  - "No hables de entrada de los inconvenientes porque piensan que estás frenando las cosas".
- **Evitar esfuerzos inútiles**, como:
  - "Cuando un cliente da muchas vueltas quiere decir que no va a comprar",
  - "Primero te exigen de todo y después lo único en que se fijan es el precio".

La cultura arma mandamientos para cada una de estas circunstancias, dándole una "personalidad", un ritmo y un determinado grado de resolución a la empresa, y también a la gente. Así como nuestra empresa tiene su propia cultura, el resto de las organizaciones también la tiene y solemos notar algunas de sus particularidades cuando entramos en contacto con ellas.

Las reglas implantadas

La cultura organizacional es un recurso de alto valor. Pero del mismo modo en que surgió para agilizar decisiones, ahora genera una pesada inercia que nos inmoviliza. Por cierto, una de sus características es que es fuertemente conservadora, porque se basa en la repetición de lo que dio resultado en el pasado. Por eso sentimos que la gente no se mueve y no tiene la productividad requerida por el contexto actual.

El poder de la cultura es tan fuerte que cuando tomamos a un nuevo empleado no queremos que se contagie del resto porque lo que nos interesa de él es precisamente su manera diferente de hacer las cosas. Entonces lo hacemos trabajar sin saber que de a poco adoptará el mismo ritmo que los demás: termina mimetizándose. A nadie le gusta ser el "patito feo" y a él tampoco. Si no se adapta a las reglas del juego que plantea la cultura de nuestra empresa, se irá o la misma organización lo marginará.

Si bien todas las operaciones de la empresa son realizadas por individuos o grupos de personas, no es verdad que todos ellos deciden y actúan libremente. La que decide, en muchos e inadvertidos aspectos, es la cultura.

La personalidad de la empresa

Aunque no nos demos cuenta de nuestra cultura, cuando vamos a otra empresa enseguida la notamos. Juzgamos de inmediato si la gente es más rápida o más lenta, si las operaciones son más burocráticas o más ágiles, o si la gente es más servicial o más indiferente. ¿En qué aspectos varía la cultura de una empresa a otra? El perfil del metabolismo en cada organización está enmarcado por la intensidad y cualidad con que aparecen las cinco variables siguientes.

1. **Ritmo:** velocidad de funcionamiento y reacción.
2. **Sensibilidad:** capacidad para advertir los cambios y responder a ellos.
3. **Criterios de evaluación:** parámetros para juzgar los hechos e inferir conclusiones.
4. **Manejo del poder:** capacidad para tomar decisiones que se cumplan.
5. **Protagonismo:** autoestima y autodeterminación para modificar el contexto.

Los resultados del negocio en manos de la cultura

El metabolismo de la empresa opera como el del cuerpo humano: frenando, neutralizando o acelerando los diferentes procesos. Decimos que una empresa tiene un metabolismo o una cultura más efectiva cuando su productividad –relación costo/beneficio– es mayor. La cultura es lo que transforma los recursos de la empresa en resultados. Puede ser más o menos ágil, tener mayor o menor efectividad y reaccionar a los cambios con distintos niveles de sensibilidad.

Señales de inadecuación

Cada cultura organizacional tiene su propio rendimiento que podemos expresar en el gráfico siguiente.

RECURSOS	+	CULTURA	=	RESULTADO
mismos RECURSOS	+	Mejor CULTURA	=	Mejor RESULTADO

¿Cómo darnos cuenta de que la cultura, en vez de estar facilitando, está obstaculizando? Una de las señales más evidentes es la *reincidencia de los mismos inconvenientes* y la inercia. Cuando un mismo problema se repite una y otra vez, y no logramos solucionarlo cambiando de métodos de trabajo o de sistemas ni reemplazando a las personas, significa que se trata de un fenómeno cultural. El problema puede incluso desaparecer por un tiempo, pero luego vuelve a surgir. Si las cosas cambian cuando se reemplaza un empleado, significa que se trataba de un hecho individual. En cambio, si el problema persiste, aun con diferentes personas, es a causa de la cultura.

La otra señal evidente se plasma en *nuestras quejas respecto de los empleados*. Nos quejamos justamente de los problemas que aparecen una y otra vez, y de que nuestros empleados nos den explicaciones. Aunque parezca mentira, esto que nos enoja y que estamos cansados de pedirles que hagan de otro modo, también a ellos les preocupa y quisieran cambiarlo. Incluso aunque parezcan indiferentes a esa situación, quienes integran la empresa sienten esa inercia persistente y difícil de cambiar. Creen que nosotros, como dueños, podemos modificar las cosas fácilmente y se preguntan por qué no lo hacemos "de una vez por todas".

La cultura no se puede cambiar por decreto. Nunca dan resultado los cambios basados en disposiciones. Ante una nueva norma, la manera de actuar termina siendo la misma.

Cuando tratamos de modificar el metabolismo desde el esfuerzo, la voluntad o los procedimientos, solo logramos reforzarlo. Como si estuviéramos con los ojos vendados ante una piñata, tiramos golpes allí donde no está el objeto al que queremos pegar.

¿Cómo modificar la cultura?

En forma inconsciente, pretendemos cambiar las cosas redoblando al máximo los mismos métodos que no dieron resultado. Es que la cultura nos hace repetir lo mismo también a nosotros. La modificación efectiva y perdurable solo se logra iniciando acciones sobre la esencia misma de la empresa, sobre su razón de ser, que no es otra que la de generar valor.

La gente atiende las cosas a las que nosotros, como empresarios, les prestamos atención. Por eso, si antes nos concentrábamos en los procedimientos, o incluso en nada excepto que hubiera un gran problema, a partir de ahora, para cambiar la cultura y tener una organización que concrete nuestras ideas es imprescindible que les prestemos atención a los *resultados* de las *funciones* que agregan valor al negocio.[17]

Receta

La única manera de crear una cultura dinámica que no responda al pasado y no sobrevalore la manera en que antes se hacían las cosas se define en los cinco pasos que siguen.

1. Elegir y definir con claridad cuáles son las **funciones principales** que necesita el negocio.
2. **Medirlas**. Saber con precisión qué es lo que se está logrando hoy.
3. **Aceptar los resultados actuales** como punto de partida. La evaluación de los resultados por lo que "debería ser" no nos permite evolucionar hacia una cultura organizacional dinámica; como tampoco juzgar las tareas por su prolijidad.
4. Plantear **objetivos posibles**, alcanzables y medibles hacia los resultados que queremos obtener.
5. Juzgar la manera de hacer las cosas **únicamente a través de los resultados logrados**. De lo contrario estamos evaluando lo que la gente hace y reforzando la cultura antigua, la que no nos sirve.

---

17 En el Apartado siguiente, "Objetivos medibles", se desarrolla una metodología práctica para lograr una cultura dinámica que colabore con los resultados que necesita el negocio.

OBJETIVOS MEDIBLES

¿Cómo se distribuyen responsabilidades y se miden resultados?

- Delegar significa tiempo y dinero
- Estructurar y conducir
- ¿Qué función delegar?
- Objetivos medibles
- Somos dueños de la empresa, pero no de los objetivos
- Integrantes
- Miedo a delegar
- Estadios de logro

Delegar significa tiempo y dinero

Cuando vemos personas que con una empresa como la nuestra o incluso de mayor complejidad demuestran tener un dominio distendido de su tiempo, nos preguntamos: "¿Cómo hacen?". Si nosotros también pudiéramos delegar con tranquilidad, si consiguiéramos que nuestra gente lograra lo mismo que hoy en día, pero sin nuestra presencia, podríamos multiplicar el negocio. Delegar en forma efectiva implica tiempo y dinero. No es casual que los empresarios que más tiempo tienen también ganen más dinero.

La delegación de funciones con objetivos medibles permite que se produzcan los resultados del negocio sin que tengamos que intervenir ni enterarnos de los detalles, como si esa función estuviera tercerizada. La solución consiste en desarrollar internamente en nuestra gente una forma de decidir similar a la de la tercerización. Esto se alcanza mediante la estructuración por funciones, donde vamos a dirigir desde la mirada global, sin necesidad de resolver cada detalle.

Al contrario de lo que sucede con frecuencia cuando el directivo pone las ideas y las personas ponen la "mano de obra", con esta modalidad el directivo estructura y conduce, y las personas construyen resultados con sus propios criterios.

Siendo una metodología con tan buenos resultados para las pequeñas y medianas empresas, hay que cuidar su implementación y no quemar la viabilidad futura por apurarnos demasiado y exagerar las expectativas de entrada. Necesitamos que nos vaya bien y que a la gente le vaya bien. Es suficiente empezar con una o dos funciones y luego extender la metodología a toda la empresa.

Estructurar y conducir

Nuestro rol no consiste en intervenir en la función que se delega sino en estructurar y conducir. Para *estructurar* estos espacios de delegación es necesario:

- determinar la función que se va a delegar,
- definir objetivos medibles,
- elegir a los integrantes,
- establecer el alcance de la delegación.

Para *conducirlos* a continuación necesitamos:

- brindar autonomía de decisiones,
- controlar su evolución,
- orientar su desarrollo.

¿Qué función delegar?

Tiene que ser una función importante y fácil a la vez. Es fundamental que la función que se delega sea significativa para la creación de valor en la empresa, de manera que no pase inadvertida. Pero, ante todo, conviene elegir la que tiene las menores dificultades, una en la que los resultados sean fáciles de medir, donde la gente no se vea complicada y esté dispuesta a aprender. Si bien buscamos que el escenario mismo sea más adelante el que despierte el potencial de la gente, no conviene empezar empujando.

Objetivos medibles

Para plantear los objetivos de la función es imprescindible conocer lo que se está alcanzando actualmente en el negocio, es decir, haberlo medido. Por ejemplo, si la función es la captación de clientes, para delegarla tenemos que saber cuántos clientes se están captando y cuál es el costo de captarlos. Si estamos ante una función que nunca ha sido medida, deben definirse procedimientos que no sean burocráticos ni complicados, es decir, que puedan *mensurarse en forma objetiva, rutinaria y simple.*[18]

Objetivo y medición son aspectos clave para la delegación de funciones. Hay una diferencia sustancial entre decir lo que se debe lograr y decir lo que se debe hacer. Lo primero enfoca la función, el objetivo, el resultado. Lo segundo apunta a la tarea, al trabajo, a los procedimientos. Lo que hay que lograr permite que los colaboradores usen su criterio, lo que hay que hacer podría ser reemplazado en el futuro por una máquina o un buen software. Las personas naturalmente quieren logros y que su trabajo tenga sentido. No obstante, es imprescindible medir porque si logran sin saber que lo hacen, es como jugar un partido sin contar los tantos.

El hecho de medir es increíblemente poderoso. Por un lado, nos obliga a la claridad: tenemos que decir cómo

---

18 Véase Anexo III, "Las funciones del negocio". Apartado "A modo de ejemplos".

nos damos cuenta de si lo que pretendemos se logra o no. Tenemos que precisar qué indicadores y parámetros usamos. Y, por otro lado, la medición hace que las personas adviertan su propia evolución, lo cual no es poco en cuanto a la motivación. Por último, significa también profesionalismo, al salir de lo eventual, de lo anecdótico, para introducirnos en las tendencias.[19] *No hay progreso sin medición.*

Somos dueños de la empresa, pero no de los objetivos

Cuando hablamos de objetivos a lograr, los empresarios muchas veces caemos en la tentación de establecer valores deseables: bajar un 10% los costos de producción, aumentar un 15% las ventas… ¡Como si pusiéramos primero los objetivos y después miráramos a la gente! En contraste con esto, para que los empleados se entusiasmen y pongan en marcha el sistema de delegación de funciones, ¡hay que buscar objetivos que nos permitan tener motivos para felicitarlos! Aunque muchas veces lo que planteamos sean objetivos que nos den motivos para quejarnos.

Para que la delegación sea exitosa –y eso es lo que realmente buscamos– tenemos que tomar como punto de partida los rendimientos que están alcanzando al día de hoy, de la misma manera que un entrenador acepta la performance actual de un atleta cuando empieza a trabajar con él y no le pide de entrada que salte el doble de altura.

Comenzar planteándoles el nivel de rendimiento que ya están consiguiendo, aunque todavía no sea suficiente, puede parecer ilógico, pero es el único camino seguro para desarrollar su capacidad de alcanzar resultados por sí mismos. Para que nos vaya bien tenemos que partir de lo que es, no de lo que debería ser. Pedir más es sencillamente inútil. Tenemos que pedir lo posible, ni más ni menos.

---

19 Véase el Apartado "Niveles de profesionalización".

Si caemos en la tentación de empezar pidiendo más estaremos en la antesala de la frustración, tanto la de ellos como la nuestra. Pensar en que las personas decidan y logren lo que se está consiguiendo hoy sin nuestra intervención es valioso en sí mismo, ¿o no significa precisamente eso delegar?

Los integrantes

En cuanto a los integrantes, tenemos que elegir las personas que sepan intervenir y opinar para la toma de decisiones, es decir:

- quienes trabajan específicamente en esa función,
- quienes opinan normalmente porque es importante su criterio, aunque no trabajen en esa función, y
- quienes solamente opinan en forma excepcional.

Todos los integrantes son responsables de alcanzar el objetivo de la función. Para esto no se necesita que se reúnan periódicamente, sino que formen un equipo para decidir y actuar en conjunto ante situaciones puntuales. *Se busca que, en las mismas situaciones en que antes hubiera actuado el empresario, intervengan y decidan con autonomía los responsables de la función.*

Si tomamos como ejemplo la función de cobranzas que se mencionó antes, ¿quiénes deberían integrarla? En primer lugar, tiene que haber una persona que trabaje concretamente en la gestión de cobranzas, porque maneja un conocimiento clave y su opinión es imprescindible a la hora de tomar decisiones sobre esta función. En segundo lugar, debe incluirse a alguien capaz de evaluar el crédito y el nivel de riesgo de cada cliente. En tercer lugar, se necesita una persona de ventas, que vele por las posibilidades de negocio en cada caso. Es quien determina cuándo conviene ser más rígidos o más flexibles con los clientes que no pagan, teniendo en mente las operaciones futuras. Como dijimos, no se necesita que se reúnan, sino que decidan en *equipo* ante *situaciones particulares* que requieren la opinión de los distintos integrantes.

Veamos cómo funcionaría este equipo. El primer integrante –que realiza la gestión de cobranzas– trabaja para conseguir los objetivos estipulados –por ejemplo, 30 días en la calle–. A medida que ejecuta su tarea, obtiene diferentes resultados en la nómina, pero debe mantener el promedio dentro de lo previsto. En el caso particular en que algún cliente presente un desvío por crédito o por días más allá de lo pautado, recurrirá a los otros integrantes del campo. Si el de ventas dice que no se den más plazos, deberá actuar enérgicamente para conseguir la cobranza. Si, por el contrario, propone flexibilizar los términos por razones de conveniencia comercial, corresponde consultar con la persona de créditos y entre los tres deberán aunar criterios y resolver esa situación.

Una vez implementado el sistema, veremos que la función quedó delegada porque ante situaciones difíciles, en vez de golpear a nuestra puerta para consultarnos buscarán a los otros integrantes, con quienes trabajan directamente en la función, y también a quienes aportan los criterios en casos excepcionales.

Es importante empezar con integrantes que:

- **sean flexibles** para poder aunar criterios en equipo,
- **asuman la responsabilidad** específica que cada uno representa para la función,
- **sean capaces en su especialidad** y puedan utilizar sus conocimientos con pragmatismo para priorizar la efectividad de la función.

Una función puede tener uno o varios integrantes y si es necesario incorporar alguien que no trabaje dentro de la empresa. Por ejemplo, en el caso de cobranzas, el contador externo, que aporta los criterios sobre el riesgo crediticio.

Miedo a delegar

Para no pasar bruscamente de una situación en la que decidíamos personalmente a un nivel de autonomía que nos dé inseguridad respecto de los resultados, podemos reducir el alcance de la función que queremos delegar. Por ejemplo, si hasta ahora interveníamos en la cobranza, podemos delegar esa función haciendo un ordenamiento ABC[20] de la cuenta corriente de ventas y delegar la función con el grupo de clientes "C". De este modo, aunque conciernan la mitad de los clientes, esos casos solo representarán entre el 5 y el 7% de los valores en dinero. Una vez probada la confiabilidad de lo delegado, agregaremos los grupos de clientes de mayor importancia hasta cubrir la totalidad de la cartera.

Si bien conviene empezar con menor alcance y después aumentarlo, y no a la inversa, el alcance inicial no es definitivo: es posible disminuir el tamaño de la función si luego del seguimiento observamos que no se logran los resultados.

Es más fácil no delegar que delegar. La delegación requiere de un aprendizaje, nuestro y de nuestra gente actual y futura, pero es un multiplicador que expande las fronteras de lo posible en nuestro negocio. *Si aprendemos a delegar, el tamaño no será un límite para el funcionamiento de la empresa.*

Estadios de logro

Los objetivos tienen distinto nivel de exigencia y los resultados, diferentes grados de obtención. La exigencia perte-

---

20 Nos referimos a la regla de Wilfredo Paretto, según la cual –para este ejemplo– el 20% de la cartera (clientes A) representa el 80% de los valores a cobrar; el 30% (clientes B) representa alrededor del 15% en dinero; y la última franja (clientes C), que corresponde al 50% de los clientes, genera el porcentaje más bajo de valores a cobrar (entre un 5 y un 7%).

nece al objetivo, es previa al resultado: es la distancia entre lo que la persona puede y lo que se le propone alcanzar. En cambio, el grado de obtención pertenece al resultado: es la diferencia entre lo que se le planteó y lo que efectivamente alcanzó.

Lo importante es lo que se logra. Lo que vale a la hora de la verdad no es la genialidad de nuestras intenciones, ni la seriedad de nuestros propósitos, ni la importancia de nuestros pedidos, sino lo que se ha conseguido. Lo que interesa en una organización son los resultados.

Cómo ya se dijo, a los empresarios nos fascina plantear objetivos, pero para avanzar no podemos pretender pasar del desconocimiento de los resultados que estamos alcanzando a la mejora instantánea de lo que ni siquiera sabemos que estamos obteniendo. De hecho, hay una escala de obtención de resultados que no solo muestra lo ilusorio de saltearse escalones sino que señala cómo está nuestra organización en cuanto a su capacidad para conseguir resultados.

Estos estadios de logro son los siguientes.

1. Transparencia: es conocer y explicitar los valores de recursos y resultados que se obtienen en el presente.
2. Confiabilidad: es lograr resultados repetitivos y previsibles, no erráticos.
3. Productividad: es conseguir mejoras en los resultados.
4. Trascendencia: es generar mejoras con procedimientos, insumos y tecnologías diferentes.

Aunque la transparencia sea el estadio más bajo de la escala, lograrla significa haberse iniciado en la profesionalización de los resultados y encontrarse más adelante que atascados en el nivel incierto de las exigencias, las intenciones y los objetivos.

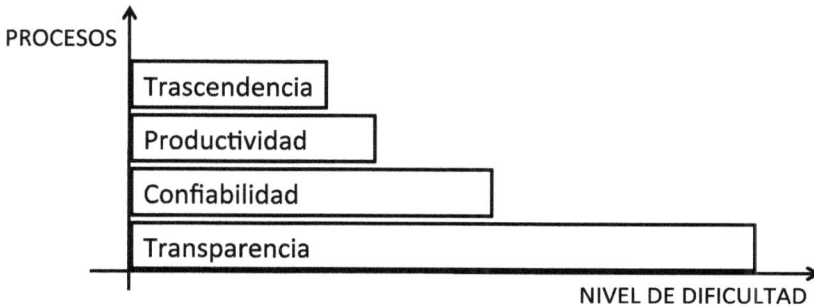

PROCESOS

| Trascendencia |
| Productividad |
| Confiabilidad |
| Transparencia |

NIVEL DE DIFICULTAD

Receta

1. Elija una función importante de su negocio. Describa qué resultado se está alcanzando hoy en día en ella.
2. Describa quién o quiénes trabajan específicamente en esa función.
3. Recuerde la última vez que los responsables de la función le consultaron o le pidieron que interviniera y a partir de eso determine quiénes deberían intervenir u opinar en situaciones excepcionales o en aquellas en que le consultarían a usted.
4. Reúna a los integrantes de la función –a los responsables directos y a quienes identificó para intervenir u opinar–, en un ámbito diferente, o brinde un entorno especial.
5. Comuníqueles la importancia de la función. Dígales con claridad el resultado que espera –debería ser el que se está logrando actualmente–, descríbales cuándo y cómo lo va a medir y explíciteles que tomarán las decisiones con autonomía y que todos serán responsables de que se logre ese resultado.

MOTIVACIÓN

¿Cómo lograr gente motivada y con autonomía en la tarea?

- El poder de los resultados
- La mejor manera de desarrollar el criterio es usarlo
- Afianzar la delegación reduciendo el alcance
- Atención con aquello a lo que prestamos atención
- Las rutinas de seguimiento crean cultura
- Los resultados son mejores cuando son confiables
- La fuerza del elogio

El poder de los resultados

Nadie se levanta a la mañana diciendo: "¡Qué suerte! Tengo que cumplir un horario" o "¡Qué bueno, tengo que preparar un montón de pedidos y llenar remitos!".

Nadie se motiva por el solo hecho de tener que cumplir tareas y procedimientos. Las personas quieren que su trabajo tenga sentido y solo se comprometen para lograr algo determinado. Los resultados a alcanzar les dan significado a las tareas, a los horarios y a los procedimientos.

Cuando un individuo trabaja para un objetivo que cree importante para la empresa y además se considera capaz de conquistarlo, se siente motivado. Así como los procedimientos en sí mismos no incentivan, los objetivos que no se alcanzan no solo no estimulan, sino que deterioran la autoconfianza del empleado y disminuyen radicalmente su motivación. Hay que tener eso en cuenta a la hora de plantear la envergadura de los desafíos, porque la sensación permanente de incompetencia para lograr los estándares exigidos suele ser la principal razón por la que fracasa la metodología de delegación por funciones.

La mejor manera de desarrollar el criterio es usarlo

No se trata de cambiar el criterio de nuestros colaboradores o de enseñárselo, sino lograr que lo usen. No por no tenerlo no lo usan, sino porque "miran nuestros ojos" antes que mirar lo que se necesita, y eso los confunde.

El hecho de poner el foco en los resultados implica *darles autonomía* para tomar decisiones. Que sea el empleado o el equipo de empleados que integran una función de negocio el que decida y sea el dueño de los logros. Recordemos que nuestra mirada crea cultura. Si les controlamos a los vendedores cuántos clientes visitaron y al de compras, cuántos presupuestos pidió, entonces no nos quejemos de que la gente no desarrolle criterio. La ansiedad, la excesiva vigilancia y la tendencia a intervenir en las decisiones de los empleados traerán únicamente más motivos para desconfiar. Si actuamos de esa manera, la gente estará más preocupada por descifrar nuestro criterio y complacerlo que por desarrollar el propio.

Afianzar la delegación reduciendo el alcance

Por supuesto, ¡tenemos miedo de que se equivoquen y de que las consecuencias sean desastrosas! En muchas situaciones no es fácil no implicarse y tampoco se trata de que "practiquen autonomía" a costa de poner en juego aspectos importantes del negocio. Es fundamental delegar con confianza cuando lo hacemos. Por eso, recordemos una vez más que, para disminuir nuestro miedo, para no sentir ansiedad al delegar, tenemos que acotar el alcance de la función delegada. Solo en la medida en que aprendan a manejar una escala menor se podrá aumentar la envergadura de esta. De todos modos, sepamos que a veces se equivocarán y esa es la forma en que van a aprender. Nosotros también nos hemos equivocado, nuestra manera de ganar experiencia fue mediante el ensayo con aciertos y errores. Cuando las personas fallan, se dan cuenta de que sus hipótesis eran desatinadas; de lo contrario, insisten internamente en sus teorías acerca de qué es lo que habría que hacer. Si no deciden, si no corren riesgos, tienden a *cumplir* sin compromiso y pierden una de las cualidades que, paradójicamente, es la que más buscamos como empresarios: la iniciativa.

A través de la autonomía administrada se mejoran sustancialmente las decisiones del "saber hacer", con la ventaja de que quien más horas le dedica a la función dentro de la empresa es quien más oportunidades tiene de testear sus hipótesis, sus métodos y sus maneras de actuar. Por eso el tamaño del desafío que supone el objetivo que pedimos es tan importante para ellos como para nosotros. Si es excesivo, nos genera miedo a nosotros y frustración anticipada a ellos.

Atención con aquello a lo que prestamos atención

Los empleados se fijan en nuestros gestos, nuestro interés y nuestra preocupación mucho más de lo que imaginamos. Le prestan la misma atención a lo que nosotros le prestamos atención. Si ponemos el acento en el orden de la planta, ellos tenderán a preocuparse por mostrar que todo está ordenado. Si valoramos al que se queda después de horario, procurarán quedarse un rato más aunque no tengan nada urgente para hacer. Por lo tanto, es importante elegir muy bien dónde poner el ojo. Si lo que nos importa son los resultados de negocio, lo mandante, lo dominante, el foco de nuestro interés, aquello que nos dé que hablar no tiene que ser otra cosa que los resultados –y resultados relevantes, no irrelevantes, para el negocio–. Esto es tan razonable que no parece necesario argumentarlo ni defenderlo. Sin embargo, con demasiada frecuencia "caemos" en prestar demasiada atención a si alguien está chateando o si algún otro tiene desordenado su espacio de trabajo. No es bueno gastar nuestra energía en algo que no es significativo para el negocio. Esto implica que, si queremos que la gente evolucione, tenemos "prohibido" pedirle más explicaciones que la información que nos dé sobre los resultados. Pero paralelamente, y más aún al principio, conviene que seamos persistentes en exceso en el control de los *resultados*.

Las rutinas de seguimiento crean cultura

El control tiene que ser periódico e incluso *ritual*. Al principio con mayor frecuencia y luego menos, a medida que las cosas marchen. Es fundamental respetar el momento de control y hacerlo respetar por los integrantes de la función. Por un minuto, acordémonos de cuando éramos estudiantes del secundario. Solíamos manejar nuestra limitada disponibilidad para estudiar en función de cómo era cada profesor. ¿Con qué profesores estudiábamos más? Con los que perseveraban en controlar nuestro nivel de aprendizaje. Con los otros, con los que daban de estudiar y no tomaban lección, o con los que se conformaban con una frase aduladora de nuestra parte, descansábamos del estudio y solo tratábamos de agradarles. Si pedimos resultados pero no les damos seguimiento, no los vamos a obtener. Si pedimos resultados pero miramos con más atención la prolijidad de las tareas, no los vamos a obtener. Y si pedimos resultados deseables pero no posibles, no solo no los conseguiremos, sino que tendremos empleados heridos en su orgullo profesional.

Los resultados son mejores cuando son confiables

Necesitamos medir los resultados que se alcanzan hoy, pedir que se siga logrando lo mismo y valorar sumamente la confiabilidad. Es decir, que los resultados sean repetitivos, que el nivel alcanzado pueda reproducirse y no sea fortuito. La confiabilidad de resultados implica que se puedan prever los estándares que se van a conseguir –de calidad, de tiempo, de cantidad o de costo–, aunque no sean los mejores. Una vez consolidado este primer paso podremos ir por más.

De todas maneras se producirán mejores resultados al implementar esta modalidad. En primer lugar, porque como empresarios ocuparemos nuestro tiempo en tareas de mayor valor –y no en decidir cada cosa o en responder preguntas–. En segundo lugar, porque al delegar una función se creará un escenario de aprendizaje que traerá más efectividad a futuro. Y, finalmente, porque todo aquello a lo que le prestamos atención y le damos seguimiento tiende a crecer. Está comprobado que el solo hecho de medir y comunicar los resultados clave los mejora notablemente.

La fuerza del elogio

Por último, para lograr que la gente esté motivada, decida con criterio y esté alineada, además de "mirarla" con un seguimiento periódico de los resultados tenemos que elogiar sus logros. Es erróneo pensar que son las críticas lo que encauza a las personas. Cuando no consiguen los resultados esperados, ellas mismas lo notan en el momento de la medición. No es necesario agregar más críticas. En cambio, es fundamental elogiarlas cuando los logran. No se trata de ser buenos ni de que nos quieran. Se trata de entender las claves para conducirlas y hacer lo que es conveniente para el negocio. Es mucho más conveniente para los resultados que buscamos y congruente con los objetivos felicitarlas de manera específica que criticarlas por lo que no consiguieron.

Muchas veces nos preguntamos por qué vamos a felicitar a alguien por hacer lo que "le corresponde". Cuando pensamos de esa manera, no nos guiamos por el criterio de qué es lo conveniente para el negocio. O quizás sea porque desconocemos que tenemos en nuestras manos una llave que no nos cuesta dinero y es capaz de hacer que nuestra gente repita lo que hizo bien y quiera superarse. Esa llave es el reconocimiento específico. Cada vez que felicitamos sinceramente a alguien por algo específico, tenderá a repetirlo.

Receta

1. Elija a una persona que, según usted considera, hace bien "lo que le corresponde" y que, justamente por eso, quizá nunca la haya felicitado.
2. Busque algo valioso y específico para poder felicitarla, ya que, si le da una felicitación general sin describirle en detalle el motivo, la persona podrá sentirlo como una actuación.
3. Llámela a su oficina o a algún otro lugar para reunirse.
4. Hágale el reconocimiento específico, felicítela y explíquele por qué su trabajo es muy importante para el negocio.
5. Recuerde que la felicitación no tiene que incluir ningún aumento ni premio en dinero. Las personas valoran la felicitación, pero en algunos casos tienen que acostumbrarse a recibirla sin que vaya acompañada de dinero.
6. Cuando la esté felicitando, mírela y preste atención al brillo de sus ojos. Le sorprenderá ver que, como acto reflejo, los ojos siempre brillan ante la felicitación sincera y específica.

PODER Y AUTORIDAD

¿Cómo hacer para que la gente cumpla con lo que le pido?

- Una cuestión de poder
- Test de autoridad
- Por dónde empezar
- Pedir con autoridad
- ¿Cómo seguir?
- El manejo de la incertidumbre

Una cuestión de poder

Cuando pedimos tareas que luego no se cumplen, cuando nos quejamos y la gente se excusa, no solo se baraja una cuestión de objetivos y resultados, sino que se pone en juego nuestro poder. El poder —la capacidad para hacer que los otros hagan— crea sinergia, organiza, ahorra tiempo, compromete, produce resultados y hace que las situaciones sean previsibles. El poder se necesita como decisor final para no caer en una inmovilidad deliberativa. Si desaparece la autoridad en una organización, al poco tiempo desaparecerá también la empresa.

Uno de los beneficios más importantes del ejercicio del poder para nuestros colaboradores es que los contiene y los protege. Hace que sepan qué esperar y que quien tiene que tomar las principales decisiones lo haga. Aunque no estén de acuerdo, aunque piensen que ellos hubieran hecho algo diferente, siguen teniendo la ventaja de que el mando lo tengamos nosotros. Por eso, el poder es lo que debe tener presente un líder en toda decisión que tome, aun a costa de medidas que no convengan en lo inmediato a la empresa.

No hay que confundir el poder o la autoridad con el trato. Una persona puede tener un trato amable, accesible y cordial y tener mucho poder o a la inversa, actuar de manera despótica y, sin embargo, no tener autoridad.

Test de autoridad

El hecho de ser dueños de la empresa no nos otorga poder en forma automática, tenemos que construirlo. Hay un indicador claro de la falta de poder: la queja. Cada vez que nos quejamos, lo que estamos haciendo es proclamar nuestra impotencia a los cuatro vientos. Y, justamente, el otro lado de la queja es el incumplimiento. La falta de cumplimiento es grave, pero ya no en cuanto a una cuestión de delegación de funciones, sino de ausencia de autoridad. En las organizaciones en las que se ejerce el poder, independientemente del estilo humanitario o dictatorial con que se lo practique, las cosas se cumplen y los resultados son *previsibles*.

Nuestro poder no está dado por lo que pedimos sino por lo que se cumple de lo que pedimos.

Para medir nuestro nivel de mando sobre nuestros colaboradores no hace falta más que contrastar cuánto de lo que pedimos se cumple. Cuando el pedido se cumple, aumenta nuestro poder; cuando no se cumple, lo limita.

Por dónde empezar

Lo primero, lo más simple y lo más directo para aumentar nuestro poder es pedirle a nuestra gente lo que puede hacer, o, en otras palabras, dejar de pedirle lo que no puede hacer. ¿Qué sentido tiene pedirles algo necesario, desafiante, importante a las personas, si no pueden o no van a cumplirlo? Ya no es una cuestión de dominio del negocio sino de cuidado de nuestro poder de liderazgo. No es bueno exponernos a la pérdida de autoridad, por eso antes de realizar un pedido es fundamental preguntarnos si podrán cumplirlo.

Cualidades del EMPLEADO	LÍDER
Aptitud, capacidad aplicada	para mejorar la efectividad organizativa
Actitud, predisposición	para tener poder de conducción

Por otra parte, cuando alguien con capacidad de resolución en su puesto tiene una actitud adversa a nuestras directivas, es decir, cuando alguien *puede* pero no *quiere*, es preferible privarnos de su aptitud y tomar la decisión de que no continúe en la empresa. Tal es la importancia del poder: está por encima del negocio inmediato, precisamente para que en definitiva se favorezca el negocio permanente. La actitud de nuestra gente está por encima de la aptitud en sus funciones; si el estilo de comportamiento de una persona la vuelve ingobernable o si necesitamos modificar nuestra política para conformarla, es preferible prescindir de ella y no renunciar al camino que nos hemos trazado. En cambio, la velocidad con que transitamos la situación sí depende de la aptitud, y es respecto de esto que nosotros debemos estimar si nos conforma o si preferimos cambiar al responsable.

Todo pedido es un ejemplo de autoridad, no solo para quien tiene que cumplirlo, sino para el resto de la organización. Frente a la pregunta "¿cómo hacer para que la gente cumpla?", ¡la prioridad está en pedirles lo que pueden cumplir! Pedir sin expectativas de cumplimiento es insensato.

Pedir con autoridad

Insistir, repetir, apurar, pedir reiteradamente, corregir, censurar, cambiar, empujar no es lo mismo que pedir. El pedido es una expresión de poder. En cambio, todas las demás son formas de ejercer presión y surgen porque en algún momento se trabó la corriente natural, probablemente porque hemos pedido más de lo que la persona podía manejar en simultáneo. La presión genera resistencia, crea una carga donde circulaba sin trabas algo natural. La sobrecarga, la corrección continua de los trabajos, las urgencias, en algún momento de la relación provocan estrés, exigencia o autodefensas que hoy en día se expresan como resistencias. A medida que necesitamos cada vez una presión con mayor frecuencia o intensidad, vamos perdiendo poder y la rueda no termina de agrandarse salvo que alguien la pare. Si esta resistencia es irreversible, no importa cómo se haya originado, es conveniente prescindir de la persona.

¿Cómo seguir?

Aunque brindemos autonomía, seguimos siendo corresponsables de los resultados, porque si no los miramos, no hemos *delegado*, hemos *abandonado*.

Muchas veces, la gente viene con las respuestas a los pedidos nuestros que consideró importantes y a los que les dedicó tiempo, voluntad y trabajo, y nosotros, ¡ni siquiera recordamos haberles pedido eso!

Si se reitera el hecho de olvidar lo que les pedimos o de no darles muestras de reconocer que el trabajo se ha realizado como respuesta a lo solicitado, no esperemos que las personas respeten la prioridad que le asignamos a nuestros pedidos. Ellas establecerán sus propias prioridades. Para que esto no suceda tenemos que hacer del seguimiento un rito ineludible.

El manejo de la incertidumbre

Muchos dan por hecho que el contexto en que se ejerce el liderazgo es administrable y seguro. Sin embargo, la mayor expresión de liderazgo es la capacidad para manejar la incertidumbre, para administrar aquello que nos genera dudas y supone algún tipo de riesgo.

Los diferentes integrantes de la pequeña y mediana empresa toman decisiones y realizan acciones para obtener resultados en el futuro. En este tránsito cotidiano hacia el logro de metas siempre hay, en mayor o menor medida y en todos los órdenes, zonas de incertidumbre y aspectos desconocidos. En los cursos de acción para alcanzar los objetivos interviene una multiplicidad de variables que no son administrables en su totalidad. Cuando las personas caen en la duda, en el cuestionamiento acerca de los pasos a seguir, en la indecisión por la posibilidad de error, el líder con poder calma la ansiedad, la acepta sobre sus espaldas, toma decisiones y contiene la incertidumbre. Esta actitud no solo demuestra su poder, sino que lo aumenta.

Si, por el contrario, nos ponemos a intelectualizar las posibles amenazas, nos mostramos lúcidos al conjeturar los riesgos, nos cuestionamos en voz alta en el mismo nivel que nuestros colaboradores y analizamos indefinidamente todas las variables en juego, estamos perdiendo poder.

Por lo que la función de quien tiene poder en cualquier situación de incertidumbre es la de calmar la ansiedad, aliviar los temores, asumir el riesgo, poner fin a las disyuntivas y tomar decisiones.

NIVELES DE PROFESIONALIZACIÓN

¿Cómo profesionalizar la empresa sin burocratizarla?

- La empresa encarnada
- Cuando la mirada no es suficiente
- Información simple y precisa
- Tablero de gestión
- ¿Burocracia o profesionalización?
- La profesionalización: recurso de efectividad
- Los cuatro niveles de información
  - Nivel 1: información evolutiva
  - Nivel 2: información de gestión
  - Nivel 3: planificación y programación
  - Nivel 4: jerarquización y sensibilización

La empresa encarnada

En un principio, el empresario y la empresa constituían una sola unidad. De hecho, el emprendedor *era* la empresa. Por eso, durante mucho tiempo, y quizás durante toda su vida si es fundacional, el empresario va a tener la empresa *encarnada*. Esto significa que la experimenta en carne propia, que asimila datos sin cesar a través de los sentidos y puede abarcar en su cabeza toda la complejidad del negocio. Sus razonamientos y sensaciones *escanean* todo lo relevante de una manera extraordinaria y conforman el cuadro mental que necesita para la toma de decisiones. Una característica de esta manera de decidir es que lo importante y fundamental en el momento presente, una vez solucionado pasa a ser poco significativo. Lo que importa es el presente, con su evaluación inmediata. A este empresario, palabras como *estrategia* u *organización* pueden sonarle vacías, porque no concibe la organización sin pensar concretamente en la gente con la que puede contar hoy. En vez de mercado piensa en compradores; en vez de tecnología, en equipamiento; en vez de estrategia, en negocios.

Cuando la mirada no es suficiente

Incluso para tomar las decisiones menos trascendentes, los seres humanos evaluamos situaciones en forma permanente. En el momento de decidir, lo hacemos en medio de un conjunto de variables heterogéneas que se nos presentan superpuestas, como un griterío mental, como una pluralidad de conversaciones de diferente tono y volumen que recién empieza a silenciarse cuando resolvemos algo, ya sea que decidamos:

- esperar otros acontecimientos,
- hacer algo determinado,
- averiguar más datos, o
- simplemente posponer la decisión.

Les sucede tanto al empresario como a las personas clave de la empresa que para administrar y gestionar conjuntos de variables dispongan de datos importantes de manera encarnada –a través de la vista, la memoria, las imágenes mentales–. Mientras esta información sea indisoluble de la persona que la maneja, para el resto resulta algo así como una caja negra en la cual nadie sabe lo que pasa. Una manera de manejar la complejidad consiste en sacar afuera esos datos significativos y transformarlos en información visible para todos.

La profesionalización aparece precisamente como una necesidad de dominar una realidad de mayor complejidad, en la que ya no se puede llevar todo en la cabeza y no es ni suficiente ni confiable el alcance de la propia mirada, o cuando el imperativo de delegar es por razones propias del empresario.

Información simple y precisa

Profesionalizar una empresa no es incorporar profesionales, ni llenarse de planillas saturadas con cifras. Significa representar la realidad por medio de mapas simples que describan con fidelidad lo que sucede, para facilitar la toma de decisiones. Con ellos, el "griterío" de variables a analizar se organiza de una manera racional y muchas de las voces se callan ante datos organizados y precisos. Profesionalizar implica contar con información simple, confiable y adecuada, en tiempo y forma. Por eso tenemos que cuidarnos de que, en los mapas para la toma de decisiones, no haya información de más, que esta no sea sustancial, a fin de que pueda traducirse en instrumentos claros, de fácil interpretación, para poner de relieve los aspectos importantes y permitirnos un acercamiento más comprensivo. Para ser útil, la información debe ser confiable. Recordemos que el tablero de gestión es dinámico y evolutivo.

Los mapas de situación ayudan a simplificar en un todo las partes que se quieren enfocar, pero solo llegan hasta *la presentación del escenario,* ya que la decisión no se infiere automáticamente del mapa sino que se requiere de un proceso de interpretación, evaluación y, finalmente, resolución. Por supuesto, la profesionalidad no reemplaza a la habilidad empresarial, es una valiosa herramienta de apoyo que aclara el panorama para decidir.

Tablero de gestión

El tablero de control –o de gestión– es una herramienta que resume los indicadores fundamentales del negocio y *permite visualizar en pocos minutos la situación de la empresa.* No tiene una estructuración definitiva, sino que evoluciona junto a la complejidad y la necesidad de explicitar el negocio.

El primer tablero que tuvimos fue esa *cuenta de almacenero* en donde, en base a lo que teníamos, más lo que nos debían, menos lo que debíamos, calculábamos una situación de capital que nos permitía evaluar si estábamos en buen camino.

Lo que se busca a través de esta herramienta de información es mejorar la toma de decisión. Para implementarlo de manera inmediata y hasta ir afinándolo, podemos partir de valores aproximados, costos por definición, gastos generales por percepción e incluso, al principio, prescindir del stock para simplificar y permitir que se expliciten los resultados. Lo importante es dominar los números y mejorar nuestros juicios y opciones.

El tablero de gestión es un instrumento dinámico que no se elabora de manera lineal como una suma de partes simples hasta completarse. En vez de sumar siempre más información con mayor nivel de detalle, se busca que represente la situación global sin entrar en datos pormenorizados que nos distraigan. El tablero debe mantener la información global para la toma de decisiones e incluir en forma progresiva los temas que efectivamente nos importan. Por esto, a medida que se arma y se utiliza surgen otras demandas y necesidades que debe contemplar.

Lo importante es que la información se mantenga siempre en un nivel de síntesis y abstracción que facilite nuestra mirada sin distraernos con datos innecesarios, porque estos nos tientan a intervenir en niveles de decisión que requieren precisamente autonomía.

¿Burocracia o profesionalización?

La profesionalización trae agilidad y efectividad: multiplica las posibilidades de aumentar las ganancias. La burocracia es lo contrario: lentifica y se aleja de la realidad.

Si el costo de la información es mayor que el beneficio que trae, entonces se trata de burocracia.

Si requerimos información para investigar el error o el culpable, es burocracia. Si la tenemos en un nivel de detalle que no se utiliza, también; así como si no mide lo que pretende medir. Por más interesante, valiosa y controladora que sea, si no es útil y no se usa como una herramienta indispensable para el negocio, es burocrática y representa un costo en dinero, tiempo y energía que no vale la pena.

Mientras que el pragmatismo es el aliado de la profesionalización, el hecho de actuar a ciegas y la burocratización son los dos extremos que nos alejan de una forma efectiva de tomar decisiones.

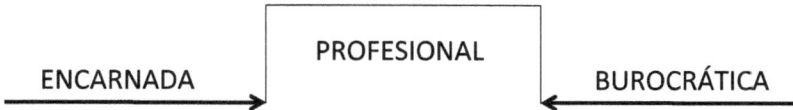

```
                        ┌─────────────────────┐
                        │    PROFESIONAL      │
    ENCARNADA           │                     │         BUROCRÁTICA
  ─────────────────────▶                      ◀─────────────────────
                        └─────────────────────┘
```

La profesionalización: recurso de efectividad

Para transparentar y conocer el rendimiento de diferentes áreas de la empresa es necesario dejar de lado los casos individuales –lo anecdótico– y agrupar las variables del mismo tipo para observar y analizar tendencias. La situación del conjunto es importante, no así la situación particular de cada agente. Importa cómo evolucionó el margen comercial, no *ese* descuento que se hizo; es relevante el ausentismo en fábrica, no *ese* empleado que siempre falta; interesan los tiempos promedio de diseño de los trabajos, no el tiempo particular de *ese* que nos "volvió locos"…

Profesionalizar permite dimensionar en justa medida. Si nos guiamos por lo que vemos y por los acontecimientos particulares, llegamos a preocuparnos por algo que no importaría si viéramos los valores que representa en el conjunto. O a la inversa, nos entusiasmaríamos con señales de progreso engañosas.

El aumento de la complejidad trae consigo una pérdida de dominio y de sentido de valor agregado en las decisiones. Uno de los primeros pasos para reconstituir el dominio es medir y conocer los resultados de cada una de las *funciones del negocio.*

Los cuatro niveles de información

De acuerdo con el tipo de información que se genera para tomar decisiones de determinada clase, se identifican cuatro categorías de información, ordenadas desde la información más histórica –acerca de lo que ocurrió–, pasando por los números de gestión que permiten mejorar la operación en línea, hasta la estimación de situaciones futuras o el análisis del negocio.

Nivel 1: información evolutiva

La trayectoria de la empresa se sintetiza en la manera en que evolucionaron ciertos valores significativos como la contribución comercial, los gastos generales, la rentabilidad, el capital de trabajo, el margen promedio.

A partir del pasado se comparan las mediciones en los distintos momentos del negocio. Esta radiografía evolutiva funciona en adelante como referente de comparación para analizar la situación actual. Los signos vitales de un negocio no deben compararse con los valores de otras empresas o con los estándares del rubro, sino con la propia evolución.

Muchas veces sentimos que los gastos generales crecen, pero, ¿qué porcentaje de facturación representan y cuál era el porcentaje histórico? En otros casos nos entusiasmamos porque la facturación crece, pero, ¿cómo evoluciona el margen comercial? Lo mismo ocurre con los sueldos: puede ser que se haya tomado más personal o que haya habido incrementos, pero, ¿cuál es la evolución del porcentaje con respecto a la facturación? ¿Y qué pasa con la cobranza, con los "días en la calle"?, es decir, ¿con la cantidad promedio de días de venta que nos deben nuestros clientes? ¿Cómo estamos ahora con respecto a nuestros valores habituales?

La clave de la categoría *información evolutiva* es la *medición*. Necesitamos elegir un grupo de indicadores principales que sean sintéticos y se calculen en forma sencilla. Si no medimos y contrastamos, podemos cometer grandes equivocaciones perceptivas. Muchas veces, las apreciaciones personales sobre temas de importancia están impregnadas de comentarios, juicios, dudas e inexactitudes.

Nivel 2: información de gestión

Esta categoría de información se enfoca en alcanzar la efectividad en la gestión cotidiana. La efectividad se relaciona con la capacidad y velocidad de respuesta, manteniendo los costos controlados. Por ejemplo, cuando operamos sobre una cantidad limitada de productos y clientes, podemos manejarnos sin más datos que los de nuestra memoria. Pero cuando aumentan ambas variables, se vuelve difícil recordar los costos comerciales de cada producto o los antecedentes de cada cliente para utilizarlos en la oferta o en la negociación. Por eso, en esto y en otras funciones, es fundamental incorporar información de acceso inmediato –o "en línea"– que nos ayude a tomar las decisiones adecuadas.

Si un vendedor, antes de visitar al cliente, dispone de la información sobre sus antecedentes y sobre la disponibilidad actualizada de stock, mejora considerablemente sus posibilidades de concretar una buena venta. Una línea de producción que conoce cómo va su rendimiento con relación al estándar establecido, tiene elementos objetivos para alcanzarlo.

Si carecen de información *en línea*, las personas a las que les toca tomar decisiones respecto de lo operativo, el "día a día", avanzan a ciegas, como si tuvieran que correr una maratón sin tiempos parciales que indiquen la manera de administrar el esfuerzo.

Por otra parte, cada tarea tiene su propia demora en cuanto al lapso entre las acciones y sus efectos. Cuando carecemos de información acerca de *cómo vamos*, si el resultado se produce mucho tiempo después de la acción, la complejidad es enormemente mayor porque no tenemos oportunidad de corrección. Y los grandes lapsos sin ajustes son muy costosos.

La delegación por funciones[21] implica que a la vez que se piden resultados se busque que las personas aprendan y mejoren sus decisiones. Cuando tienen información inmediata acerca de los resultados obtenidos, obviamente aprenden mucho más rápidamente y con menos riesgos para el negocio. La información de gestión "en línea" mejora la efectividad, acota la complejidad y aumenta el entrenamiento.

Nivel 3: planificación y programación

Para el buen funcionamiento de un negocio necesitamos coordinar acciones y recursos, en un marco de costo, beneficio y tiempo que permita la creación de valor. Cuando las variables están acotadas a un nivel de manejo simple, la administración intuitiva es satisfactoria. Pero, a medida que la empresa crece se vuelven fundamentales las *herramientas específicas*.

---

21 Véase el Apartado "Las funciones del negocio".

En la planificación se trabaja por períodos más amplios y con más abstracción que en la programación. En ambos casos, el objetivo es prever decisiones para *asegurar que los recursos estén en el momento preciso y en las disponibilidades requeridas.*

Preguntémonos si en la empresa ¿se dejan de tener ganancias que se podrían haber tenido?, ¿se producen pérdidas por falta de planificación? Profesionalizar la empresa en esta dimensión la llevará a aprovechar los recursos que posee y a evitar el *lucro cesante.* El lucro cesante es lo que se hubiera ganado de no haber sucedido algo que lo impidió. Por ejemplo: si conocemos la venta diaria de un producto, sabemos qué contribución marginal nos deja por día. Supongamos que tuvimos faltante de ese producto durante cinco días... Hagamos cálculos. Ese cálculo consiste en medir el lucro cesante.

Obviamente, podemos planificar las compras para que no nos vuelva a suceder. Pero ¡cuidado!, es común que también ocurra la inversa: en lugar de faltantes se compra la mercadería o la materia prima con mayor anticipación que la conveniente, y *en este caso también* se produce lucro cesante. Porque en lugar de tenerlo inmovilizado y que además nos ocasione gastos, podíamos utilizar ese dinero para conseguir otros beneficios. También generamos lucro cesante cuando endurecemos las condiciones de venta para optimizar las compras. Para encuadrar de manera conveniente las decisiones comerciales se requiere un equilibrio entre el costo generado por el lucro cesante y el beneficio.

¿Cómo aprovechar mejor los recursos? Es necesario que los recursos —dinero, insumos, servicios, maquinarias o equipos, personal— estén disponibles en el momento oportuno y *en la medida en que sean necesarios. Ni antes, ni después. Ni en más cantidad, ni en menos.* La empresa se encuentra profesionalizada cuando su producción, sus compras, sus finanzas, sus gastos y sus inversiones están planificados a través de presupuestos, flujos de fondos, proyección de resultados…, cuando las decisiones rutinarias se encuentran programadas.

¿Qué pasa con los imprevistos? El hecho de que aparezcan no invalida para nada la programación. Al contrario. Ello permite cuantificar los desvíos e incluso, ¡planificar un espacio para las situaciones inesperadas! La profesionalización nos lleva, a través de la medición, a establecer un *patrón de imprevistos* y a incluir estos en nuestra programación.

¿En qué situaciones, por ejemplo, podemos identificar que la empresa necesita profesionalizarse en esta dimensión? Cuando tenemos líneas de producción paradas por falta de insumos. En empresas de servicio, cuando se producen interrupciones porque la información está incompleta. Cuando las inversiones generan complicaciones financieras. Cuando los costos suben excesivamente por falta de coordinación.

Y, ¿en qué casos desburocratizar? Cuando se planifica como en una rutina, repitiendo cifras actualizadas del año anterior, sin realizar estimaciones. Cuando cada sector hace su planificación individual, sin coordinación con otros sectores. Cuando se planifica o programa más allá de los umbrales necesarios en la decisión, por ejemplo, con tiempos de reposición que superan lo requerido. Cuando los recursos destinados a la planificación son mayores a los beneficios que se obtienen con ella. Cuando la planificación es tan rígida que no permite ajustes.

La planificación y la programación aumentan la confiabilidad y esta acerca a la excelencia.

Nivel 4: jerarquización y sensibilización

A medida que tenemos más clientes, más proveedores, más productos/servicios y más empleados, los razonamientos y las evaluaciones que necesitamos para tomar decisiones se hacen más complejos. Se suman variables que se deben tener en cuenta, y este aumento de lo cuantitativo nos aleja de lo cualitativo. Es el momento de detenerse y utilizar herramientas de jerarquización y sensibilización. ¿Para qué? Para descubrir *oportunidades vacantes*.

Una oportunidad vacante es aquella posibilidad de negocio que pasará inadvertida ante nuestros ojos si no nos preparamos para verla. A diferencia del lucro cesante, que es medible, las oportunidades vacantes se pierden y no dejan huella.

La jerarquización nos lleva a ordenar un conjunto de factores según su importancia.

Por ejemplo: los clientes no son todos iguales, las materias primas no tienen la misma incidencia en el costo total y no todos los proveedores tienen el mismo peso.

Incluso las situaciones que se nos presentan y nuestras reacciones ante ellas pueden ser pensadas en orden de jerarquía. ¿No nos pasa que a veces dedicamos demasiado tiempo, atención y mala sangre a temas que no son tan relevantes si los observamos con relación al negocio global?

Existen herramientas para jerarquizar. La *curva ABC* es una de ellas. Organiza grupos de elementos según el orden decreciente de su participación en el total. Por ejemplo, se puede armar la curva ABC de la contribución marginal que dejan los clientes, los productos, las líneas de productos o las zonas de venta. También sirve para apreciar la participación de cada materia prima dentro del conjunto. Con la información de la curva ABC podemos asignar los recursos –tiempo, dinero, gente– en función del grado de importancia de los destinatarios. Podemos evaluar, por ejemplo, el tiempo que se dedica a los distintos clientes, el esfuerzo de marketing en una determinada zona y en qué materias primas centrar la búsqueda de mejores precios.

Además de a la jerarquización, esta dimensión también se refiere a la sensibilización.

Las herramientas de sensibilización nos llevan a aprovechar un conocimiento que existe en la empresa pero que todavía está implícito. Porque, en su trayectoria, la empresa acumula conocimiento acerca del entorno en el que desarrolla su actividad.

En su empresa se ha generado conocimiento sobre estos tres aspectos:

- el contexto en general,
- las decisiones tomadas con relación a ese contexto, y
- las reacciones del contexto a esas decisiones.

¿Dónde está ese conocimiento? Está diseminado en diferentes cabezas y lugares.

Lo tenemos nosotros y nuestra gente. Los empleados lo adquieren día a día, por ejemplo, en el trato con proveedores y clientes. Se podrían realizar mejores evaluaciones antes de tomar decisiones si se explicitara y sistematizara ese conocimiento. Porque si logramos reunir las hipótesis actuales, es decir, las conjeturas de hoy con los resultados ya obtenidos en situaciones similares, alcanzaremos la sensibilización.

Dijimos que existen herramientas para profesionalizar la empresa en esta dimensión. Por ejemplo, una herramienta de sensibilización es el cálculo del impulso de venta. Representa cuánto se vende de cada producto con relación al total, siempre y cuando esté completa la propuesta, es decir, que haya disponibilidad de todas las variedades y todos los tamaños, talles y colores de un artículo. Permite adoptar una metodología para la reposición.

Ya que, con frecuencia, las ideas o los pareceres acerca de cuánto se va a vender de cada artículo no coinciden con lo que la realidad demuestra, la cuantificación del impulso de venta nos explica cómo afecta mucho más un faltante que otro y nos sensibiliza para que la reposición sea la adecuada.

Otra herramienta es la determinación de la sensibilidad de precio de cada artículo, es decir, el efecto que provoca en nuestros clientes la suba o la baja de cada uno de los precios.

No impacta de igual modo el aumento de precio de un artículo o servicio que de otro. Si una de las funciones clave de nuestra empresa es el diseño, la sensibilización también ayuda a lograr esa difícil combinación entre arte y dinero, asociando la creatividad actual con la experiencia anterior sobre gustos y preferencias.

La trayectoria de toda empresa hace que posea una galería de situaciones ya vividas que se puede transformar en aprendizaje. Se alcanza la profesionalización en esta dimensión cuando se utilizan herramientas para tomar decisiones clave, con el fin de crear diferenciación.

La profesionalización, si es profesionalización y no burocracia, siempre nos tiene que permitir:

- tomar decisiones orientadas a la rentabilidad,
- dejar de tener que "estar en todo" y delegar con tranquilidad,
- eliminar el estrés y la incertidumbre por no saber dónde se está parado,
- mejorar el rendimiento, la calidad y los resultados,
- reemplazar las urgencias cotidianas por planes realistas enfocados en lo importante.

ESTRATEGIA

CLAVES PARA MEJORAR LA RENTABILIDAD

DOMINIO

¿Habrá forma de salir del incendio y de la urgencia permanente?

- Una cualidad determinante del director
- Recursos limitados
- Creemos que podemos más
- Programados para crecer
- Son las decisiones las que generan complejidad
- El escalón a la excelencia
- Intuitivamente buscamos dominio
- ¡El mercado no espera!
- Menos gente, menos complejidad
- Evaluando el dominio

Una cualidad determinante del director

Una de las más importantes cualidades que puede tener un directivo de pyme es el *dominio*, es decir, el discernimiento para poner a la empresa frente a desafíos que resolverá en la mayoría de los casos, porque sabe evaluar recursos y *ajustar la ambición a la capacidad de concretar*. Esto implica medir claramente lo que él y su organización pueden y no pueden hacer. Es ser consciente de las posibilidades y también de los límites.

En las primeras etapas de la empresa no es necesaria una planificación previa del capital de trabajo ni de los tiempos de cada integrante de la organización. Después surgen limitaciones de capital y de tiempo y entonces el empresario se da cuenta de que *siempre las necesidades supe-ran la capacidad de concretar.*

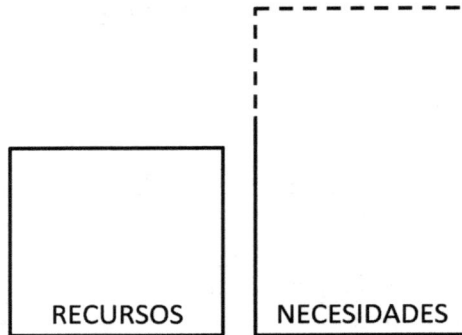

RECURSOS   NECESIDADES

Dominio significa prever lo que necesitamos para llegar a des-tino y no quedarnos varados a mitad de camino. Implica no exponer a nuestra organización a un excesivo estrés y a la frustración por no cumplir o tener que hacerlo en un nivel inferior al comprometido.

El cálculo anticipado de los recursos es fundamental. Si no lo hacemos, podemos encontrarnos con problemas serios. Basta imaginar el aprieto en que se ve una empresa que no logró realizar una entrega porque le faltaba una parte de la materia prima, o el de un servicio de fletes que no puede efectuarse porque no tiene dinero para cargar combustible.

Recursos limitados

Mientras los recursos están disponibles, ni siquiera nos per-catamos de su existencia: son "transparentes". Sin embargo, ante las crisis saltan a la vista y descubrimos que las limi-taciones siempre han estado allí. El dominio nos permite evitar esas situaciones críticas y sus consecuencias.

Las restricciones de los *recursos organizacionales* son más difíciles de percibir que las de los recursos tangibles –capital de trabajo, espacio, insumos, equipamiento–. Un claro ejemplo de esto es el de una persona que busca un salón y un servicio de *catering* para su fiesta de casamiento. Al averiguar por los salones, las respuestas varían, ya que algunos no están disponibles para la fecha prevista, otros no tienen suficiente espacio y solo alguno está disponible. En cambio, en los servicios de *catering* no hay ningún proveedor que diga que no. Independientemente de la fecha, de la cantidad de invitados o del tipo de requerimientos, siempre ven posibilidades de hacerlo y no perder el negocio. Mientras las incompatibilidades son objetivas en lo estructural –el salón–, en lo organizativo –el *catering*– todo parece posible.

Creemos que podemos más

El empresario, en lo personal, tiende a cargar en sus espaldas más obligaciones de las que puede asumir. Este cálculo *optimista* se debe a que cuando idea la planificación, sintetiza en su mente maneras de hacer las cosas que no contemplan todas las variantes que finalmente aparecerán. A la hora de pensar los negocios, esa cualidad o aptitud para ver lo importante sin perderse en los detalles le juega en contra en el momento de implementarlos.

Y en cuanto a las tareas del personal, le sucede en parte lo mismo que con respecto a su propia persona: subestima la dimensión total de lo que delega, ya que la falta de esfuerzo que su mirada le adjudica a la gente siempre lo lleva a suponer que puede pedirle más.

Programados para crecer

Como estamos preparados para crecer y las restricciones organizacionales no son tan evidentes, lo más común es tomar compromisos que sobrepasan nuestras capacidades y las de nuestra gente, pensando que de una u otra forma podremos hacerles frente. Nos cuesta advertir que tenemos limitaciones y seguimos metiendo en esa bolsa que es la empresa más productos y servicios, nuevos canales de ventas, diferentes procesos, aceptamos mayores exigencias de los clientes y tiramos adentro todo tipo de problemas, esperando que de alguna manera se solucionen. Se *solucionan* a las corridas y de manera incompleta. La complejidad en la que nos introducimos sin el correspondiente dominio no aporta ningún valor y a veces tenemos que pasar por varias situaciones límite para modificar esta tendencia a meter todo tipo de trabajo en la empresa.

En ocasiones hacemos planes, pero ante las urgencias del día a día, estos sobreviven menos tiempo del que nos llevó pensarlos. El peor problema no es que no se concreten, sino que perdemos credibilidad ante nosotros mismos, y al no creer ni siquiera en los propios planes, nos resignamos a responder a las exigencias.

Otro inconveniente serio de la falta de confiabilidad es que le obliga a cada integrante de la empresa a aumentar las previsiones, para tratar de asegurar el cumplimiento de su propia parte. Un ejemplo de esto son los horarios de reunión cuando no son confiables. En los ámbitos en que se suele comenzar entre media hora y una hora después de lo pactado, cada integrante tiene que prever más tiempo en su agenda para asegurar su presencia.

La planificación tiene que considerar los imprevistos y, fundamentalmente, las restricciones, no solo de estructura sino organizacionales. Planificar siempre contribuye a simplificar y mejorar los resultados que se obtienen. Cuando se prevén los acontecimientos, se potencia la capacidad de realizar. Y en la medida en que los planes son confiables, se logra una mayor coordinación en las acciones. Lo errático, por el contrario, hace imposible llegar a una coordinación, atenta contra los resultados y trae pérdidas aparejadas.

Son las decisiones las que generan complejidad

La complejidad *no* se origina cuando implementamos una decisión sino antes: en el mismo momento en que la tomamos. Decisiones como añadir elementos a la organización, trabajar con exigencias financieras, con poco espacio o sin planificar la producción generan complejidad. Tener dominio implica *renunciar antes* y comprometernos solo con aquello que es posible.

Es cierto que parece mejor negocio hacer de todo aceptando diferentes requerimientos que renunciar a una parte de ellos. *Pero esa renuncia previa trae como premio el logro esperado.* En cambio, cuando queremos que se haga todo, los resultados nos frustran. No solo porque no alcanzan el nivel que queríamos, sino porque, además, se logran en medio de tensión, apuros, ineficiencias y costos encubiertos.

Cuando nosotros no renunciamos, la gente termina *promediando,* poniendo el esfuerzo un poco en cada cosa, lo cual no alcanza, y nosotros corremos detrás de urgencias sin poder priorizar lo que realmente nos interesa.

El escalón a la excelencia

El dominio tiene una primera ventaja casi inmediata: la *confiabilidad en los resultados.* Y como ya se dijo anteriormente, excelencia no quiere decir resultados perfectos, ni siquiera eficientes, sino resultados previsibles: confiables. Muchas veces caemos en la trampa de ofrecerle al cliente y pedirle a nuestra gente algo más rápido o mejor. Pero si ese "mejor" es improbable, no es "mejor". Que los plazos de entrega sean aquellos con los que nos comprometimos, que la calidad sea la que ofrecimos, que la cantidad sea la que pactamos, ¡eso es excelencia!

La confiabilidad es un escalón fundamental para seguir desarrollando más potencia de negocio y para que nuestra gente genere una *actitud protagónica*. Si se obtienen los resultados previstos, todos se sienten capaces de conseguir más. Estos dos efectos, confiabilidad y protagonismo, hacen del dominio el *componente prioritario* para la dirección de una empresa.

Intuitivamente buscamos dominio

Muchas de las decisiones que tomamos revelan que buscamos naturalmente reducir o simplificar la complejidad. Por ejemplo, decisiones como estas reflejan nuestra búsqueda de dominio:

- dejar de venderle a algún cliente porque cobrarle implica un esfuerzo desmedido,
- descartar un insumo por falta de confiabilidad en la calidad o en el plazo de entrega,
- eliminar alternativas opcionales de un proceso de fabricación para asegurar resultados garantizados.

En otras situaciones, en vez de reducir la complejidad la *absorbemos*. La diferencia es que, en estos casos, *no eliminamos la dificultad, logramos manejarla*, ya sea mediante una tecnología, un dispositivo o una persona. Por ejemplo, incorporando un software para administrar el stock, eligiendo un responsable con capacidad para manejar un local, o acotando a un proveedor inconstante y logrando resultados esperables.

¡El mercado no espera!

Uno de los motivos más frecuentes para aumentar las exigencias por encima de lo conveniente es la ansiedad porque *el mercado no espera*. Cuando tenemos esta sensación, estamos convencidos de que "Si no mejoramos, ¡desaparecemos!", y entonces hay que *luchar* para seguir vigente.

Esto no es una actitud de superación continua y gratificante, al contrario, es "lucha", "esfuerzo" y "exigencia". Pedir (y pedirnos) esfuerzos desmedidos con el argumento de que el mercado no espera es algo así como cultivar girasoles y sabiendo que nuestra cosecha rendirá poco en la temporada ir al campo a estirar los girasoles con la mano para que crezcan más rápido.

La solución no consiste en ir más rápido que nuestras piernas. Es peligroso despegar por encima de nuestro ángulo de vuelo. El equilibrio entre las ideas y su implementación implica contar con una estrategia para que lo que se realiza con trabajo, desarrollo, auténtica motivación, creatividad y confiabilidad sea buen negocio. Una estrategia que genere ganancias y sepamos que se puede cumplir.

En el Apartado "Cómo hacer para que la gente cumpla con lo que le pido", hemos visto que *aceptar las capacidades con las que contamos* en la organización *mejora significativamente nuestro resultado.*

Menos gente, menos complejidad

Si aceptamos esta premisa, la reducción de personal no se piensa solo para situaciones en las que se amortice su reemplazo sino también cuando es fundamental reducir la complejidad. Reducir la dotación puede ser una medida justificada para evitar incertidumbre, aumentando dominio. Esto puede darse con tecnología, espacio, orden, tercerizaciones, etcétera.

Evaluando el dominio

Después de lo leído, ¿qué diría usted de sí mismo como director?, ¿diría que tiene dominio?, ¿que no lo tiene? ¿O que lo tiene en algunas situaciones y en otras no?

Saber nuestro nivel de dominio no es nada difícil, solo necesitamos comparar lo planificado con lo conseguido. Así de simple, aunque sea duro y nada simpático. A mayor distancia entre lo planeado –o lo comprometido– y lo logrado o realizado, menos dominio; y a menor distancia, más dominio.

Notemos que no se trata de virtudes grandilocuentes –calidad, superación, creatividad, éxito, genialidad–. Se trata de comprometer lo que se puede y lograr lo que se compromete, ¡eso es excelencia!

¿Qué pasa si hay desvíos? Los desvíos sirven para ajustar *nuestro* nivel de exigencia antes que para reclamarle a nuestra gente por no llegar a lo previsto. Tampoco es atractiva la afirmación precedente, pero tengamos muy en cuenta que *ajustar la exigencia* es una postura desde el poder y desde el rol de directivo. *Reclamarle a nuestra gente* es una posición de falta de poder.

Todo esto es parte de nuestra *capacidad empresarial.* Y para saber si ella funciona bien, tenemos que comparar objetivos con resultados. Por lo tanto, la única forma de no ser esquivo es que los resultados sean medibles.

FACTURACIÓN Y RENTABILIDAD

¿Por qué antes con mucho menos ganaba más?

- ¿Cuál es nuestra estrategia?
- Estrategia formativa
- Estrategia expansiva
- Maratón competitiva, estrategia reactiva
- Cuando más facturación es menor rentabilidad
- El cliente cambió
- Lanzados a un camino equivocado
- La eficiencia

¿Cuál es nuestra estrategia?

Toda empresa tiene una estrategia. La estrategia es la idea que tenemos acerca de "cómo hacer negocio". Porque lo que finalmente determina nuestras decisiones es aquello que creemos necesario realizar para *hacer negocio*. Sin embargo, esta idea no es siempre la misma y nuestras elecciones estratégicas cambian a lo largo de nuestra trayectoria.

Estrategia formativa

En la época del emprendimiento, no tenemos estrategia. Todo está en formación y la visión de negocio se acomoda en función de testeos. Lo que hay son tácticas, acciones determinadas por objetivos muy inmediatos y pragmáticos.

A medida que ganamos en experiencia, armamos una estrategia no explícita, encarnada en nuestra persona. Es una *estrategia formativa* precisamente porque se forma a través de tanteos y ensayos.

En ocasiones los empresarios fundacionales decimos que desde los inicios ya tenemos claro el perfil del negocio. Sin embargo, sus contornos no son demasiado definidos, sino más bien ambiguos y lo cierto es que recién se termina de delimitar su perfil durante el emprendimiento y en la primera época de la etapa de expansión.

Estrategia expansiva

Como progresivamente las cosas dan resultado y el negocio tiene continuidad, la idea de *crecer al máximo* empieza a comandar todas las decisiones. Ser más grande coincide con imagen, presencia, importancia, demostración. En este momento la estrategia es *multiplicar*. Hacer negocio consiste precisamente en eso: *aumentar la cantidad o el volumen*, ya sea en unidades o en kilos, en metros o en clientes, y sobre todo en facturación. Es una *estrategia expansiva*, en la que nosotros funcionamos como el "gran comodín", haciendo de todo y suplantando con nuestro esfuerzo lo que no podemos comprar con dinero.

En un principio, la "multiplicación" genera mucha ganancia y la empresa alcanza en poco tiempo un tamaño importante. El crecimiento se logra combinando un cierto margen con una determinada cantidad vendida. De todos modos, como la lógica de esta estrategia es vender más para ganar más, se puede resignar margen porque el incremento de las ventas compensa esa pérdida.

Poco después de esta expansión, hay un punto en que la cantidad de kilos, de metros, de unidades vendidas o de clientes no se puede multiplicar infinitamente y la facturación se estanca. Aparecen limitaciones y hay que encontrar formas de seguir sosteniéndola.

Maratón competitiva, estrategia reactiva

Cuando se pretende darle cada vez más al cliente para vender y facturar más, aumenta la cantidad de todas las variables y operaciones. E, indefectiblemente, el mayor tamaño trae complejidad. En consecuencia, no hay más tiempo para evaluar y decidir, y se empieza a tapar agujeros, a correr detrás de los problemas, a apagar incendios y a enfrentar una competencia implacable que nos arranca clientes y baja los márgenes de negocio. La empresa solo reacciona ante las demandas. Por eso, en ese momento lo que tenemos es una *estrategia reactiva*. En el intento por no quedar afuera, *hacemos lo que podemos* con:

- la disponibilidad de producto o servicios,
- la velocidad de entrega,
- la financiación,
- la calidad,
- la atención,
- la prolijidad.

Entre la exigencia externa y nuestra respuesta no hay una pausa que intermedie y decida, hay una reacción inmediata, avasalladora y reactiva.

Hacer lo que podemos no es otra cosa que lo que llamamos "promediar" (ver el Apartado "Dominio") y esto hace que el empresario se transforme en un simple gestor de lujo.

Cuando más facturación es menor rentabilidad

Sin darnos cuenta pasamos de la estrategia expansiva a la reactiva, sometiéndonos a las presiones y eludiendo tanto nuestras propias limitaciones como las de nuestra gente. Creemos que todo se podría solucionar con más ventas, pero no es así porque, en este nivel de complejidad, más ventas implicarían mayor pérdida de dominio y fuga de valor.

PROACTIVO   REACTIVO   PROACTIVO

ESTRATEGIA		
Formativa	Expansiva	
Probar	Expandir	Continuar
Construir	Crecer	creciendo
Definir		Solucionar
		limitaciones

Perdemos la estrategia y nos resignamos pensando que antes era más fácil

ELEGIR la estrategia "singularizada"

No hay que inventarla, hay que construirla

hablamos de volumen

Ahora más de lo mismo es peor

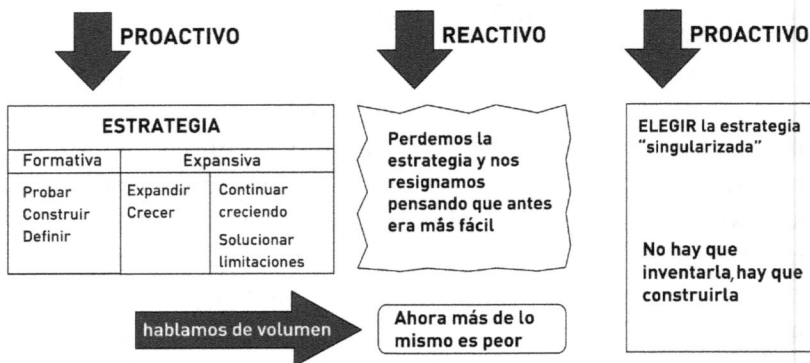

La estrategia reactiva –reaccionar a la demanda y hacer lo que podemos– no resulta. Caímos en ella como consecuencia de la estrategia expansiva, que sí resultó muy buen negocio. Sin embargo, llega un punto en que llevándola a su máxima expresión superamos la medida de desafíos que nuestra organización puede afrontar, y *deja de ser negocio.*

Lentamente comenzamos a atender las cosas en función de su orden de aparición, relegando aquello a lo que no llegamos. Tanto desde nuestro rol de empresarios como desde las posibilidades de nuestra organización, sentimos que en esa maratón es imposible dominar la situación, de modo que de a poco entramos en un círculo vicioso: perdiendo diferenciación, perdemos clientes y para retenerlos sacrificamos márgenes comerciales. En esta carrera reactiva seguimos pensando que con más facturación se arreglarán todos los problemas: los financieros, los de calidad, los de tiempo y los de capacidad.

Esto es una ilusión total y tan arraigada, ¡que hasta nos da miedo no acatarla! Pero nada es más equivocado: más facturación con menos dominio ¡es *la peor fórmula de negocio que podamos imaginar!* En este aspecto hay una sola ley, tan ineludible como la ley de gravedad: a mayor tamaño mayor complejidad, a mayor complejidad menor dominio, a *menor dominio menor rentabilidad.* La única manera de "saltearse" esta ley es dominar la complejidad. Y no hace falta dominarla de entrada para ser rentables, hace falta aceptar las limitaciones, simplificar y renunciar.

A partir de ahora, simplemente no tiene sentido meternos en compromisos que estresan a la organización porque no nos traerán ganancias. Son demasiados los casos estadísticos que demuestran que en estas condiciones nunca se generó otra cosa que pérdidas.

Desde ya, tenemos que cumplir con los compromisos asumidos, aun cuando esto nos siga ocasionando algo de complicación y nerviosismo. Pero no nos engañemos, una facturación mayor, en condiciones de este tipo, de ninguna manera va a mejorar la situación financiera.

El cliente cambió

Como empresarios y decisores de la estrategia de negocio, pensamos explicaciones acerca de lo que nos pasa y cómo hacer. Entonces, buscamos un motivo y el más directo es que "ahora, al cliente, lo único que le interesa es el precio".

Cuando nosotros mismos éramos esos "muchachos emprendedores" ¡no pensábamos así! El que cambió no es el cliente, somos nosotros. Mientras antes éramos los protagonistas de diferenciaciones de valor, hoy las urgencias nos sumergen dentro de los problemas y andamos corriendo detrás de soluciones.

Lanzados a un camino equivocado

Cada tanto aparece alguna oferta de productos o servicios del mismo tipo que los nuestros y a menor precio. Siempre hay algún recién iniciado en el negocio que, trabajando sin estructura y de manera más informal, degrada el valor de los productos o servicios porque los cobra a precios imposibles de equiparar. Como resultado, al poco tiempo esos precios se convierten en el valor de mercado.

El desarrollo de tecnologías, la innovación en los procesos y la evolución de los insumos hacen que la mejora de la oferta sea imparable y que lo que en otro momento fue una exclusividad o una ventaja que el cliente valoraba, hoy sea el piso básico de lo que pretende. Como una escalera mecánica que funciona sin cesar, la evolución de los productos o servicios no se detiene.

Lo preocupante es que nosotros, con una estructura que mantener, estamos atrapados en medio de una maratón competitiva para darle cada vez más al cliente, con tal de que nos elija y nos compre... Sentimos que no hemos parado de reinvertir, modernizarnos, producir más rápido y atender cada requerimiento, ¡y todo al mismo precio que antes! Es que el desarrollo que nosotros mismos producimos, más el que nos copian, sumado al que también generaron otros, multiplica las alternativas que el cliente tiene para elegir y hace bajar el valor de los productos o servicios.

Para mantener las ventas entramos en una carrera que nos exige más y más: *más* rapidez, *más* servicios, *más* disponibilidad de horarios, *más* lugares de entrega y *más* eficiencia, menores escalas. Sabemos que este tipo de beneficios, aunque a veces no podamos dejar de darlos porque ya forman parte de la pretensión básica del cliente, jamás traen rentabilidad. Aunque nos brinde algún resultado a corto plazo, el dar más y más achica los márgenes de ganancia y no sirve como estrategia.

Mucho se habla y se escribe erróneamente acerca de escuchar y servir al cliente de manera ilimitada, pero es necesario digerir y decidir qué hacer con este consejo porque como paradigma automático puede llevar a la empresa a perder rentabilidad en forma peligrosa.

La eficiencia

La salida no es más esfuerzo, ni más eficiencia, ni más velocidad para llegar a ser los primeros, ni tampoco más sonrisas al cliente. Por supuesto, corresponde atender bien a los clientes, pero eso no alcanza para asegurar el futuro. Acaso, ¿usted seguiría yendo a un restaurante donde lo atienden fantástico si la comida no le gusta?, ¿o llamaría a un programador que responde con celeridad y define con claridad increíble lo que necesitamos si a la hora de programar la computadora es un desastre?

Hay que parar con esta carrera de tratar de ser cada vez mejores y preguntarnos: ¿qué pasa con nuestras ganancias en esta lucha por gratificar al cliente? La medalla de la maratón no nos va a servir de nada si perdemos rentabilidad. Es la diferenciación lo que nos devuelve la rentabilidad.

DIFERENCIACIÓN

¿Más servicios o menos gastos? ¿Diversificar o especializarse?

- ¿Por qué disminuyen los márgenes de ganancia?
- El comentario general nos engaña
- Nos tentamos con la mejora inmediata
- ¿Cuándo agregar un nuevo producto o servicio a nuestra cartera?
- La categoría en la que jugamos
- ¿Cuándo sacar de nuestra cartera un producto o servicio?

¿Por qué disminuyen los márgenes de ganancia?

Muchas veces creemos que son los clientes los que nos obligan a bajar los márgenes cuando confrontan nuestra propuesta con otras de menor precio o de mayores beneficios. Pero esta no es una característica del mercado sino una manera de considerarlo. Cuando el cliente nos compara con otros competidores y no ve ninguna diferencia, no es que sea incapaz, sino que no valora positivamente las diferencias o los atributos que nosotros agregamos; es decir que para él no hay ninguna *diferencia significativa* o que verdaderamente le importe. Por eso, ante dos productos que no tienen diferencia, va a comprar el más barato.

No obstante, cuando un producto o servicio se destaca con respecto a los demás por sus atributos de valor, no solo lo elige sino que está dispuesto a pagarlo. Desde una mirada más sutil podemos percatarnos de que los mercados tienden a la especialización. Si en vez de enfrentar esa tendencia la acompañamos, veremos que los márgenes responden y el negocio se agranda.

El margen refleja la diferencia percibida por el cliente y es la consecuencia de un "saber hacer" especial en alguno o varios de los ejes de valor: el diseño o la elección del producto, la comercialización, la producción o la logística, el crédito, etc. Por eso mismo, nuestro diferencial competitivo se basa en la posibilidad de adquirir e implementar conocimientos de valor.

El comentario general nos engaña

Podemos seguir creyendo que la tendencia del mercado es que los márgenes bajen y que hay que darle cada vez más servicios al cliente para que nos elija. Podemos pensar que necesariamente hay que bajar los precios y aprovechar al máximo la estructura incorporando más productos/servicios. Podemos suponer que la manera de aumentar la competitividad es invertir en equipamiento y tener gente más profesional. Y la lista de sugerencias y recomendaciones de negocios, que de tan divulgados se tornan reales, podría seguir. La pregunta es si estas suposiciones nos dan potencia estratégica, si nos van a dar más rentabilidad y si mejoran nuestra capacidad empresarial.

A la hora de tomar decisiones para aumentar la rentabilidad, cuesta discernir entre lo que dictamina la moda de los negocios y los resultados, mucho menos difundidos, de las investigaciones serias y la experiencia profesional experta en empresas medianas y pequeñas.

Puesto que es tan frecuente que la bibliografía y los artículos difundidos parafraseen teorías referidas a compañías grandes, o a enseñanzas de reconocidos autores de la estrategia empresarial, es necesario aclarar estas cuestiones. Primero, los márgenes bajan cuando se pierde capacidad competitiva. Segundo, no hay que darle al cliente atributos que no percibe o no valora y que, por lo tanto, no está dispuesto a pagar. ¿Y que la caída de la competitividad es por falta de inversión? Recordemos que el emprendedor partió casi *desnudo*, sin trayectoria, ni capital. Sin embargo, fue capaz de ganarse un mercado porque interpretó de manera fresca las necesidades del cliente. *Su pasión le permitió inferir más allá* de lo explícito, más allá de lo que hacían todos y también más allá de lo que el mismo cliente creía necesitar.

A pesar de que los hechos desmientan rotundamente los mitos de la estrategia empresarial seguimos aferrados a esta vorágine de comentarios no convenientes. Hay que tomar con pinzas los consejos y la bibliografía de negocios porque aunque en lo inmediato parezcan tranquilizadores, a mediano plazo terminan generando resignación en vez de desafíos.

Nos tentamos con la mejora inmediata

Al igual que bajar los precios para vender más, la otra tentación es la de agregar productos o servicios, ya que pueden traernos un mejor resultado a corto plazo. Cada vez que agregamos un producto o servicio es como si prendiéramos una vela: aumenta la luz pero mientras está encendida se consume. Por cada producto/servicio que incorporamos tenemos que mantener actualizado constantemente un conjunto de conocimientos acerca de cómo producir, cómo promocionar, cómo vender y cómo entregarlo. Esto significa que cada nuevo producto o servicio puede aportarnos ventajas en lo inmediato, pero en lo mediato nos trae compromisos de mejoramiento y complejidad en la organización. Tengamos cuidado de no estar mejorando *a costa de hipotecar nuestro futuro*.

Por eso, cada vez que expandimos nuestro negocio podemos hacerlo con desarrollo sostenido solamente si generamos conocimientos especiales en forma más rápida que los competidores en cada uno de los ejes –producto-servicio, comercialización, logística y capital–.

¿Cuándo agregar un nuevo producto o servicio a nuestra cartera?

Pero ¿cómo saber si estamos abriendo demasiados frentes en cuanto a la incorporación de productos o servicios? Esto, que parece difícil de evaluar, podemos mensurarlo a través de la evolución de nuestro margen comercial promedio si se mantuvo o mejoró a través del tiempo, quiere decir que nuestra expansión es sustentable –podemos ampliar nuestra cartera–. Si, en cambio, el margen bajó, significa que estamos ensanchando nuestra base de acción, pero no el potencial de actualización de nuestra empresa –no debemos ampliar la cartera de productos o servicios–.

Estamos hablando de margen comercial bruto, sin prorratear de ninguna manera los costos fijos en este análisis y siempre mirando la evolución propia, sin comparaciones con otras empresas.

La categoría en la que jugamos

El margen comercial es la expresión de nuestra capacidad competitiva, de nuestra capacidad de diferenciación. En cierta medida marca la categoría en la que estamos jugando. Cuanto más elevados en el *ranking*, menos competidores habrá. ¿Cómo nos clasificamos nosotros entre los distintos competidores? El margen crea una relación de competencia. El hecho de bajar los márgenes para aumentar las ventas es como si un jugador de tenis se bajara de categoría para ganar más partidos. Al principio le irá bien, pero se acostumbrará a jugar en esa categoría y perderá su performance anterior.

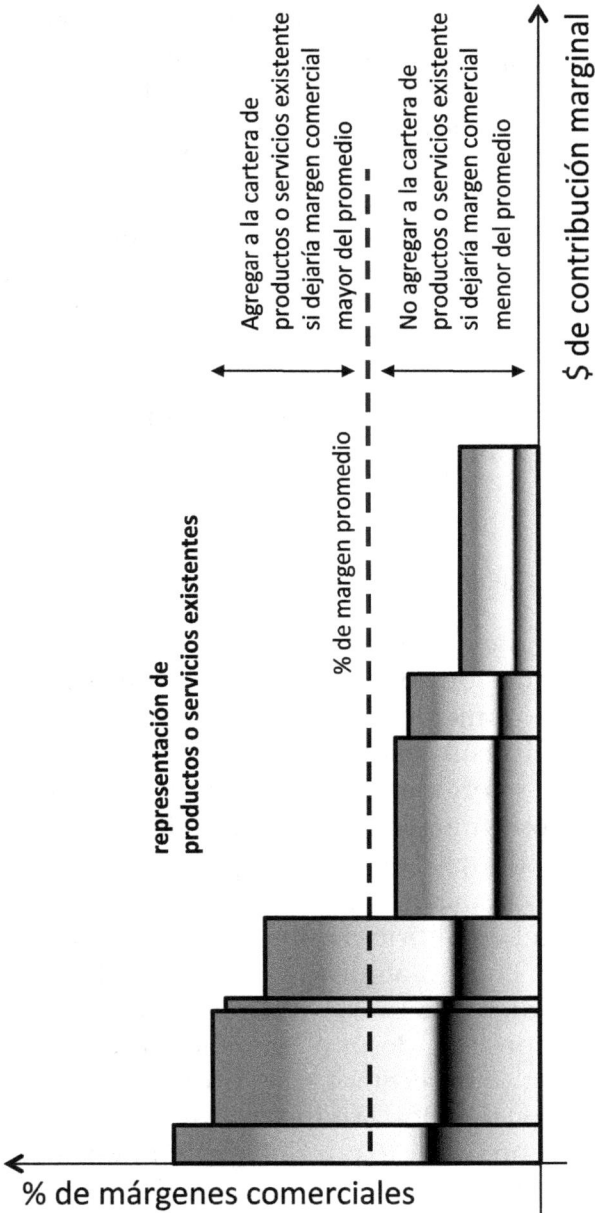

representación de productos o servicios existentes

% de margen promedio

Agregar a la cartera de productos o servicios existente si dejaría margen comercial mayor del promedio

No agregar a la cartera de productos o servicios existente si dejaría margen comercial menor del promedio

\$ de contribución marginal

% de márgenes comerciales

Por lo tanto, el criterio para decidir innovaciones o la incorporación de un nuevo producto o servicio a nuestra cartera tiene que ser el margen comercial de ese producto o servicio respecto del margen comercial promedio que nos está dejando el resto de los productos o servicios que comercializamos habitualmente. Si es inferior no hay que incorporarlo, por más que vendamos más en cantidad, ya que a la larga genera más esfuerzo logístico o productivo y complejidad, e incluso puede estresar a nuestra organización, lo cual finalmente no redundará en una mayor rentabilidad. Por lo tanto, el modo de evaluar si nuestras innovaciones son interesantes es sabiendo si mejoran o empeoran el margen promedio. Esa es nuestra brújula, el costo-beneficio de cada innovación.

¿Cuándo sacar de nuestra cartera un producto o servicio?

Contrariamente a la decisión de agregar productos o servicios, la eliminación como consecuencia de estar por debajo del margen promedio no tiene que ser inmediata. Debido al nivel de diversificación al que ha llegado la empresa, estos productos con margen menor al promedio tienen que ser aceptados y tomados como punto de partida para mejorar nuestra política de cartera de productos o servicios.

Con frecuencia, la oferta comercial que llevamos al mercado es el equilibrio de una mezcla de productos o servicios, por lo cual en algunos casos es difícil evaluar de forma independiente la exclusión individual.

Solo el proceso de implementación de una estrategia singularizada (que veremos en el próximo capítulo) permite abandonar aquellos productos o servicios cuya relación esfuerzo/ beneficio esté por debajo de nuestra performance conveniente.

Receta

Siga las instrucciones siguientes (no pase al punto siguiente sin definir cada uno).

- Elija una persona a la cual necesita hacer un regalo próximamente o en el futuro.
- Decida el monto normal que gastará.
- Elija dentro de ese monto algo que haga que esa persona se sorprenda fuertemente con lo que le regale (en Argentina se dice "que se caiga de espalda").

A través de esta receta se verá la necesidad de descubrir más allá de lo explícito para lograr sorpresa. Estando establecido de antemano el monto, no le permitirá comprar el asombro con mayor valor económico.

ESTRATEGIA SINGULARIZADA
¿Cómo mejorar la rentabilidad?

- Lecciones de la rentabilidad
- Retomando el camino rentable
  - Primero: disponer de tiempo
  - Segundo: elegir dónde innovar
- Estrategia singularizada
- Funciones principales
  - Funciones operativas
  - Funciones clave
- ¿Cómo mover la aguja de la rentabilidad?
- Salir de la zona cómoda
- La tercerización
- El arte de distribuir adecuadamente la energía
- Lo importante
- La receta para imprimir billetes

Lecciones de la rentabilidad

Ya no somos emprendedores, ni estamos en expansión, y no queremos reaccionar sin rumbo perdiendo rentabilidad. Si comparamos la evolución de la facturación con la de la rentabilidad, es bastante sorprendente la caída que tiene en un momento dado a pesar de que la facturación, aunque cueste, se siga sosteniendo. Esta disociación entre facturación y rentabilidad no debe dejar dudas acerca de lo que NO hay que hacer: crecer sin dominio.

Nuestras decisiones marcan el límite máximo de nuestra rentabilidad. Cuando decidimos bajar márgenes, diversificar la variedad de productos o servicios, o brindar más y más beneficios, en ese momento estamos fijando el techo de nuestras ganancias. La evolución de la rentabilidad nos indica que ese no es el camino.

Por otra parte, la trayectoria de nuestra empresa y la permanencia en el tiempo han dejado huellas que tenemos que descifrar a la hora de reconstruir un nuevo camino de rentabilidad.

Sin embargo, en las diferentes áreas de la vida las personas tendemos a pensar que las cosas son mejores en la orilla de enfrente. Y a veces, desde la creencia de que nuestro negocio, nuestro producto, nuestro mercado o nuestro rubro es un obstáculo, buscamos una salida "estratégica" fuera de nuestra trayectoria. Pero superados los primeros años de existencia, una empresa ha desarrollado núcleos de valor singulares a los que el cliente dijo "sí" y que, aun cuando son los generadores de la máxima ganancia de la empresa, no siempre están bien explotados. Para que la trayectoria deje de ser una mochila es necesario descubrir sus secretos, porque en ellos se encuentran las señales que permiten identificar con precisión la perspectiva desde la cual hacer más rentable el negocio hoy en día.

Mientras la trayectoria nos ha probado que algo ha funcionado, aunque tengamos que descifrarlo, la curva de mortandad de las empresas deja al descubierto el rotundo fracaso de la mayoría de los emprendimientos. Y esta es una lección que no necesita descifrarse: todo nuevo negocio y nuevo producto o servicio constituye un emprendimiento y, como tal, ofrece el mismo riesgo y la misma vulnerabilidad.

Por esta razón, la estrategia general de la empresa no puede apoyarse sobre bases no probadas, es decir, podemos realizar pruebas de desafíos de los cuales no tengamos antecedentes, pero de ninguna manera poner la empresa en riesgo, haciendo de estos el centro de nuestros planes de negocio.

Retomando el camino rentable

Para orientar la estrategia, empecemos con el análisis de algunos aspectos.

Por un lado, una estrategia poderosa tiene que basarse en las acciones de mejoramiento que nosotros realicemos, no en que la mejora dependa del contexto.

Por otra parte, vimos que el tamaño del negocio aumenta la complejidad y que nosotros mismos impulsamos ese crecimiento, incorporando gente, productos o servicios, maneras de captación, formas de ventas, logísticas diferenciadas por cliente, administraciones especiales y otras tantas variables. Vimos también cómo tendemos a llevar la exigencia por encima de lo que nosotros y nuestra organización podemos enfrentar con dominio.

Otro fenómeno se da en forma paralela, ya no impulsado por nosotros, sino por el solo transcurso del tiempo: es la aparición en el mercado de nuevas soluciones, diferentes demandas, más competidores, cambios en la captación y la venta, etc., y esto requiere de actualizaciones e innovaciones continuas para mantenernos en un nivel competitivo.

Tamaño y tiempo son dos variables que modifican nuestra realidad. La primera, impulsada por nosotros a partir de la idea de que *más* siempre es *mejor,* y la otra, independiente de nosotros, que se transforma en un desafío irreversible porque lo perecedero de nuestros éxitos nos obliga a actualizar e innovar sobre lo ya probado.

Cuando contemplamos una estrategia para nuestro futuro, debemos tener en cuenta estos dos aspectos.

Primero: disponer de tiempo

Una cosa es hablar de lo importante respecto de lo urgente, otra distinta es dejar de atender lo urgente. Creemos tener que dedicarnos a lo urgente porque, de lo contrario, ni siquiera tendríamos continuidad como empresa en esta maratón competitiva. Sin embargo, existe una manera de ocuparnos de lo importante sin que lo urgente se lleve toda la energía y tanto tiempo, y es fundamental que la encontremos, para que la estrategia no quede en teoría y pueda realmente ser aplicada.

Segundo: elegir dónde innovar

Nuestra trayectoria no habla de suposiciones sino de negocios concretos que dejan diferentes márgenes. Esos márgenes brutos por producto o servicio y por cliente nos guían, dado que nos muestran dónde estamos consiguiendo mayores diferenciaciones. Las diferencias no siempre se deben a una sola causa. Incluso, en algunos casos ni siquiera sabemos por qué hemos llegado a tener buenos márgenes, a pesar de que en la matriz "producto/servicio-cliente" haya valores que muestran ventajas competitivas.

Estrategia singularizada

Es singularizada y particular, en primer lugar porque no aparece espontáneamente como lo hacen la *formativa*, la *expansiva* y la exigente *reactiva*. Esta estrategia tenemos que elegirla, definirla y construirla intencionalmente. En segundo lugar, porque es "a medida", específica, única para nuestra organización y para el momento que estamos viviendo. No es una estrategia general que se aplica a todas las empresas de nuestro rubro, sino una especial para nuestro caso y además no es definitiva, puede variar en el tiempo.

    Para elegir este nuevo *gobernador de las decisiones de negocio*, hay que tener en cuenta dos tipos de funciones que, respectivamente, encuadran y potencian nuestras acciones.

Funciones principales

Una empresa siempre puede definirse a través de un grupo de funciones que sumadas permiten llevar a cabo el negocio. Las hay de dos tipos: las funciones operativas y las funciones clave. La prioridad y el manejo que les demos llevan de una estrategia maratónica a una singularizada. Por supuesto, ello requiere que nos detengamos en un momento, elijamos en qué aspecto nos rinde más el esfuerzo y renunciemos a la eficiencia en sí misma. El camino de más eficiencia no es siempre sinónimo de efectividad, ni de conveniencia. La rentabilidad es el resultado de apuntar a lo conveniente en costo-beneficio, no de sumar eficiencia, productividad y corrección de errores.

FUNCIONES PRINCIPALES

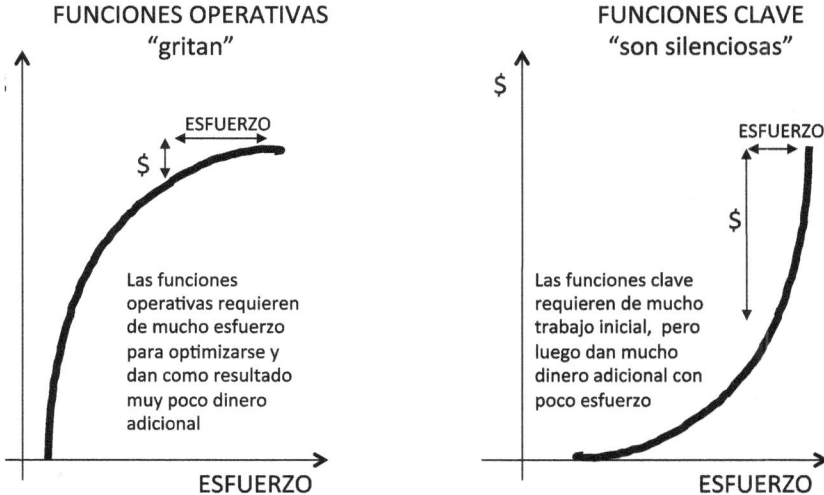

FUNCIONES OPERATIVAS
"gritan"

Las funciones operativas requieren de mucho esfuerzo para optimizarse y dan como resultado muy poco dinero adicional

ESFUERZO

FUNCIONES CLAVE
"son silenciosas"

Las funciones clave requieren de mucho trabajo inicial, pero luego dan mucho dinero adicional con poco esfuerzo

ESFUERZO

Funciones operativas

Son las que realizadas en forma incorrecta nos hacen perder dinero. Por el contrario, si alcanzan un nivel casi perfecto no nos harán ganar más, porque no se comportan de manera tal que cuanto más se desarrollan, más dinero generan.

La mayoría de las funciones de un negocio son operativas y "gritan" cuando no se cumplen adecuadamente, avisan de los errores cometidos. Por ejemplo, si falta un producto que debería estar y que un cliente reclama, "el problema grita"; si un servicio no se realiza correctamente y el cliente se queja, "el problema grita"; si una cobranza no se gestiona correctamente y trae problemas para cubrir el banco, "el problema grita" porque aparece la necesidad de intervenir para solucionarlo.

Cuando vamos diariamente a nuestra empresa, los "gritos" manejan nuestro tiempo, corremos todo el día para arreglar esos desajustes; son tantos que nos sentimos ineficientes y poco competitivos. En principio, parece que lo más lógico es atender a esos "gritos".

Si queremos que las funciones operativas estén cada vez mejor realizadas, esto nos exigirá cada vez más esfuerzo, a nosotros o a nuestra organización. No es bueno que las funciones operativas se cumplan de manera óptima porque significa que hemos puesto allí más esfuerzo del conveniente.

Las funciones operativas tienen que ser confiables y mejorables, pero de ninguna manera deben realizarse de manera perfecta. Sin embargo, como gritan, tratamos de no permitir el desvío. No es que evaluemos la conveniencia de intervenir, actuamos ante la incomodidad que nos generan las señales de ineficiencia, sin determinar en qué medida vale la pena el esfuerzo adicional que requiere de nuestra gente el hecho de evitar los desajustes.

Esto significa que, sin renunciar a mejorar la productividad –la relación costo-beneficio– de una función operativa, no debemos guiarnos por el error para decidir nuestra intervención. Tengamos presente que, aun mejorando una función, existirá ocasionalmente el error, pero que pueden coexistir mejores resultados con desvíos o equivocaciones.

Es importante diferenciar los casos que solo representan anécdotas –que no vale la pena eliminar– de los que pueden ser síntomas –que convendría encarar con soluciones más profundas–.

Funciones clave

Son aquellas que cuanto más dominio y conocimiento les dedicamos, más dinero producen. Respecto de estas funciones, no es acertado hablar de *eficiencia* sino de *exploración, descubrimiento, ingeniería de mejoramiento e innovación*. Si en un principio parece demasiado esfuerzo para pocos resultados, a medida que conseguimos dominarlas vemos que con poca energía obtenemos altos beneficios.

Por ejemplo, en una empresa de moda, el diseño puede ser una función clave, porque a través de este se juega que al cliente le encante el producto y que pague por él, o bien que quede inadvertido. En otro caso puede ser la captación de nuevos clientes, porque en la medida en que la dominemos elegiremos los clientes más convenientes. En una empresa de electrodomésticos, una función clave puede ser la adjudicación de créditos: detectando variables no tradicionales para evaluar la capacidad de pago, se alcanzaría a clientes a los que otros no llegan y así se producirían beneficios adicionales.

En cada caso, las funciones clave son particulares, no del rubro sino del negocio, y además pueden variar con el tiempo.

No necesariamente la estrategia singularizada depende de una sola función clave; pueden ser necesarias dos o tres al mismo tiempo, pero siempre es importante priorizar y actuar de manera concentrada en las que hemos definido como clave para ese momento del negocio.

Tengamos cuidado, porque estas funciones tan clave, que desarrolladas generan más y más dinero, "no gritan".

Si no las desarrollamos, terminaremos explicando que el mercado cambió, que la competencia llega ahora adonde antes no, que lo único que les interesa a los clientes es el precio...

Es el empresario quien debe impulsarlas para su organización y para él mismo. Ahí está el dinero, silencioso, por momentos escondido a causa del aturdimiento de estar detrás de lo urgente sin poder evaluar la importancia de lo que es clave.

¿Cómo mover la aguja de la rentabilidad?

Tenemos que detenernos a pensar cuáles de las funciones del negocio mejorarían el margen comercial si las desarrolláramos con efectividad. En otros términos: si tuviéramos una "varita mágica", ¿qué es lo que necesitaríamos saber hacer para cambiar positivamente el resultado? Si observamos los cuatro ejes de creación de valor del negocio –elección y/o diseño de producto/servicio, comercialización, logística o administración de capital–, ¿qué logro de alguno de esos ejes cambiaría nuestro margen? ¿Ganaríamos más si captáramos más clientes (eje comercial)? ¿Mejoraría el margen si bajáramos el costo de algún insumo clave? O, ¿nos daría un resultado superior una forma de distribución más efectiva?

Las funciones clave son las que nos situarán en una mejor ubicación con respecto al margen, en la medida en que se desarrolle nuestro saber hacer en ellas.

Salir de la zona cómoda

Algo que puede desviarnos de obtener un mayor margen a través del desarrollo de las funciones clave es quedarnos en la "zona cómoda", mejorando y expandiendo lo que nos resulta más manejable, y evitando la incertidumbre de implicarnos en un nuevo campo. Un caso muy frecuente es el de acceder a todos los requerimientos de clientes ya consolidados con tal de venderles, a pesar de la dispersión que eso genera por no desarrollar el eje comercial, ya sea en la función de captar nuevos clientes, en la de cotizar y realizar propuestas, o en la de vender y concretar el negocio.

El hecho de sentirnos fuertes, potentes, en alguna especialidad no deja de ser una ventaja competitiva, pero siempre y cuando la complementemos con otras funciones que equilibren el resultado final. Cuando desde nuestra especialidad vemos que un competidor no tan bueno vende a clientes que habrían recibido de nosotros mejor calidad, los responsables de que no nos eligieron somos nosotros, porque no supimos venderles, ya sea por no entender cómo captarlos o por no seducirlos con nuestra propuesta.

La efectividad de una empresa se logra equilibrando las funciones del negocio; si se desarrolla más eficientemente una actividad en desmedro de otra, empeora la rentabilidad. Justamente, en la búsqueda de ese equilibrio encontramos funciones clave escondidas, silenciosas, que, desarrolladas, cambiarán nuestros resultados. También pasa a veces que al mejorar una función clave cambien las prioridades y se requiera volver a definir las funciones principales y su apertura en funciones operativas y funciones clave.

La tercerización

En general, las funciones operativas son "tercerizables". Al hacerlo y no tener que convivir con anécdotas que gritan, podemos ver el resultado final sin quedar entretenidos en temas menores. Por ejemplo, a un proveedor al que le damos la elaboración de una tarea determinada, si cumple en plazo y calidad, le pagamos lo pactado. Pero si le falta gente, se rompe una máquina necesaria para este trabajo, se corta la energía eléctrica durante cierto tiempo, etc., nosotros estamos ajenos a esos acontecimientos de los que ni siquiera nos enteramos.

Además, la tercerización trae un adicional nada despreciable: permite "transformar en variable" un costo que de otra manera es fijo.

Por el contrario, las funciones clave no deben tercerizarse, porque al aumentar el conocimiento de valor mejoran la rentabilidad de nuestro negocio. Podemos requerir ayudas externas parciales, pero nunca prescindir del dominio interno. Incluso si se trata de ciertas funciones clave permanentes, como pueden ser formulaciones exclusivas y únicas, conviene no delegarlas nunca y mantenerlas en un ámbito restrictivo.

El arte de distribuir adecuadamente la energía

Hablamos de arte, no de ecuación matemática, porque definir en qué casos intervenir sobre lo operativo y cuándo no distraernos de las funciones clave siempre requiere del criterio de cada empresario.

Sin embargo, algunas pautas pueden ayudarnos en esta elección.

1. Cada vez que estemos trabajando en funciones operativas, sepamos que, aunque lo consideremos necesario en esos momentos, no estamos mejorando, sino, en el mejor de los casos, solo defendiendo la rentabilidad del negocio.
2. La medición por resultados de las funciones operativas facilita una mirada más allá de lo anecdótico. Si existe confiabilidad o mejoramiento, seguramente podremos determinar con facilidad si corresponde ocuparnos o no de algún desvío que se produzca.
3. Ahora que la empresa tiene suficiente experiencia, manejarnos también con tendencias de las funciones

nos aleja del caso particular para evaluar el conjunto. Por ejemplo, la pérdida de un cliente parece algo importante, pero mirando el conjunto podemos ver si son más las altas que las bajas. Si además, según el punto anterior, los promedios de contribución y margen comercial están mejorando, entonces tenemos una forma más rigurosa de evaluar el caso para decidir si el desvío merece nuestra atención o la del/de los responsable/s de la función.

Lo importante

A partir de este momento, cuando un empleado al que hicimos responsable de funciones operativas y de temas en funciones clave nos dice en algún momento que no tuvo tiempo para trabajar en lo clave, digámosle que no es que no tuvo tiempo, sino que no priorizó.

De igual manera en su caso, si a su día lo movieron los gritos de las funciones operativas, sepa que no fue por no haberse dedicado a lo importante, a alguna función clave, sino porque no priorizó, reaccionó nuevamente ante cada situación.

Renunciar a evitar el error y dedicarnos a lo que puede ser más rentable nos lleva a hacer elecciones a las que no estamos acostumbrados, a aceptar un cierto nivel de resultados en lo operativo con desvíos que debemos tolerar para que no absorban toda la energía disponible.

La receta para imprimir billetes

Es entonces cuando la palabra estrategia toma toda su dimensión, cuando se requiere ver nuestro negocio mirándolo desde arriba, *definiendo prioridades* en las que trabajar para luego zambullirnos en lo cotidiano sin perder nuestro norte, que no es otro que mejorar la rentabilidad.

Recordemos que el margen comercial es el premio social que indica que vamos por buen camino y que no existe ninguna otra marca tan clara de nuestra capacidad social efectiva.

Superar la estrategia maratónica requiere abandonar esa manera reactiva de tapar agujeros y correr detrás de los acontecimientos. Para salir de esta competencia feroz, tenemos que ser proactivos, saber que manejaremos los vientos hacia nuestro destino, siempre y cuando sepamos elegir y priorizar, definiendo por un lado en qué mejorar y por otra parte qué temas explorar para innovar en forma conveniente.

VISIÓN DE NEGOCIO

¿Cómo hacer para que el cliente no mire únicamente el precio?

- Implementando la estrategia
- Aprender y reaprender
- La pasión
- El cliente no sabe
- Atractores
- Espiar al cliente
- Casuística única
- Necesidad y diferencia
- Para que no me copien
- Pasos anteriores a la innovación

Implementando la estrategia

Una vez definida la estrategia, es necesario ser capaz de innovar respecto de las funciones clave, ya que en eso generamos diferenciaciones que deparan mejor rentabilidad.

Innovar requiere de creatividad. Es un salto que no se realiza dando pasos lógicos, aunque una vez definido el objetivo se pueda emprender un camino lógico para alcanzarlo.

Se dice que para ser creativos es importante permitirnos el error, pero el ser humano es naturalmente creativo y se supone que solo al reprimir esa creatividad se evita que aparezca el error.

Vamos a ver qué condiciones nos permiten explorar, investigar y lograr innovaciones dentro del marco definido por las funciones clave, pues recordemos que estas agregan valor una vez cumplidos ciertos requisitos que potencian el resultado.

Aprender y reaprender

Existen dos momentos en donde la creatividad tiene condiciones diferentes:

1. Cuando "se sabe que no se sabe" en los comienzos del negocio, cuando todo es sorpresa y descubrimiento, porque recorremos territorios antes no explorados. Este es un momento de creatividad espontánea, fresca, natural.
2. Cuando "se requiere saber que no se sabe". Dijimos que un inconveniente de la experiencia es que tiende a tirarnos respuestas, aun a costa de forzar el contexto. Es cuando necesitamos reaprender: primero, reconocer que se movió el escenario (el contexto) para recién volver a no saber. Esto es fácil de decir, pero difícil de lograr, pues nuestro cerebro tiende a ir por donde ya hizo huellas, por caminos ya conocidos, y como para todo tiende a lanzarnos una explicación le es más inmediato ofrecernos una posibilidad que seguir buscando soluciones.

Un caso típico es cuando perdemos algo y creemos claramente haberlo dejado en cierto lugar. Si al rato de buscar no lo encontramos, se insinúa la desconfianza hacia alguien que lo haya tomado. Para seguir buscando debemos descartar esa posibilidad y decirnos que no sabemos dónde está. Lo que supuso nuestro cerebro –que alguien pudo tomarlo– no es la respuesta indicada.

Reaprender requiere "saber que no sabemos", abandonar lo que creíamos saber para buscar nuevamente, disponernos a explorar y descubrir con ojos de sorpresa.

Hay una frase terrible: "Ya todo está inventado". Esta manera de pensar hace que las huellas de la experiencia nos impidan una mirada nueva sobre los cambios y que la empresa pierda brillo.

La pasión

Cuando se mira la capacidad de los emprendedores para definir un camino exitoso, es difícil encontrar pautas repetidas en diferentes casos. Sin embargo, tienen algo en común en lo que les va bien: la pasión.

Es la pasión lo que les permite indagar la realidad de una manera increíble, descubriendo necesidades, inventando caminos, realizando concreciones que con el tiempo se definen como hazañas.

Una vez más, para apasionarse se necesita creer que esa posibilidad existe, que esa respuesta, ese saber son posibles y de mucho valor. Con ese entusiasmo, todo lo que ocurre se alinea, dándonos señales para conseguir lo que nos proponemos.

El cliente no sabe

Lo que el cliente sabe es poco al lado de lo que nosotros, como proveedores, debemos saber. Aun frente a un comprador técnico, si sabemos tanto como él estamos perdidos a la hora de defender nuestro margen comercial. En ese caso, lo que nos falta no es capacidad de negociación, sino conocimiento específico. El saber del cliente es el punto de partida para nuestro conocimiento. Todo lo que el cliente sabe representa un nivel básico, desde nuestro lugar de proveedores, por mucho que sepa respecto del tipo de productos o servicios que producimos y de sus formas de uso.

Cada vez que usted considera que su cliente conoce el tema, que sabe mucho, significa que usted sabe poco de su especialidad y que su conocimiento es bajo comparado con el nivel que puede lograr.

Atractores

Los "atractores" son tendencias que los que participan de un sistema –en este caso un mercado– se sienten inducidos a recorrer. Los hay de dos tipos.

- **Atractores generales**: son los que podemos escuchar de los clientes, como "más barato", "más rápido", "menor escala", "más servicios", etc.
- **Atractores singularizados**: son los que nosotros creamos como nueva tendencia. Para eso hay que *espiar al cliente* y aprovechar nuestra casuística única.

ATRACTOR GENERAL
- Cercanía
- Rapidez
- Menor precio
- Más fácil

CONOCIMIENTO ESPECÍFICO

$

NECESIDADES NO EXPLÍCITAS

A T R A C T O R   S I N G U L A R

diferenciación

diferenciación

Cuando los atractores generales aparecen en el mercado, tenemos que seguirlos. De lo contrario se transforman en diferenciadores para la competencia. No obstante, sabemos que no son fuente de rentabilidad.

Espiar al cliente

Para llegar más allá de lo que el cliente supone, para volver a sorprenderlo, tenemos que espiarlo y superar lo que para él es explícito. Tenemos que descifrar sus necesidades latentes, las que tiene sin darse cuenta o que todavía no puede llegar a definir con palabras. Luego tenemos que ver cómo satisfacerlas mediante nuestros productos o servicios, especificaciones, precios, formas de distribución o de comunicación que él no imagina ni llega a imaginar. Es a través de insumos o de proveedores diferentes que nosotros construiremos ofertas únicas.

Si usted es el paciente y cree que sabe, el médico tiene dos trabajos: uno, explicarle que él es el experto, y luego, prescribir la cura. El primero en saber que usted no sabe tiene que ser su médico.

Mirando y descubriendo, no solo preguntando lo explícito, puede el experto diagnosticar y luego trabajar en la solución.

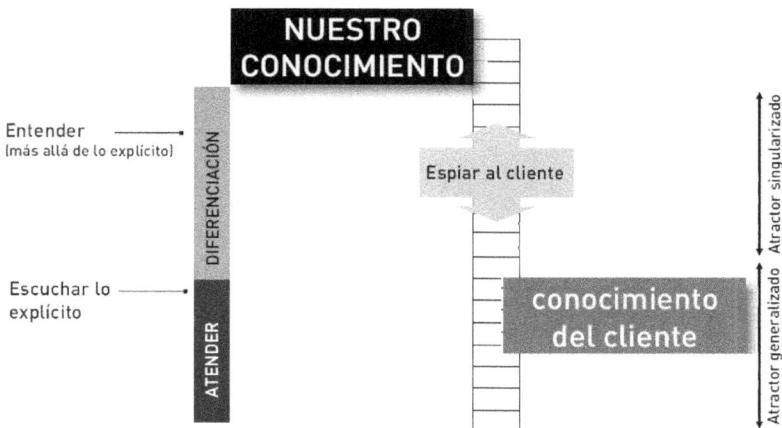

Casuística única

Cada rubro presenta casos específicos que le permiten un conocimiento mucho mayor que la experiencia del cliente, porque a eso nos dedicamos, porque por cada compra del cliente nuestras ventas son mucho más numerosas, porque somos nosotros los interesados en ser expertos en nuestra especialidad.

Combinando la falta de conocimiento especializado del cliente y nuestra habilidad para *espiar* las formas en que utiliza nuestro tipo de productos o servicios, podemos definir necesidades latentes que existen pero que no están satisfechas aún por los productos o servicios del mercado, y que los clientes parecen advertirlas. Podemos descubrir formas comerciales para venderles, maneras originales de entregar, soluciones específicas o decisiones de crédito y cobranza que nos den la posibilidad de diferenciarnos. No necesariamente tendremos que elaborar respuestas en cada uno de estos ejes, pero seguramente sí en alguno/s de ellos.

Si el chef de un restaurante se acerca a preguntarle al cliente común *qué le puede traer de rico*, el cliente no puede ir mucho más allá de un bife con papas fritas, o alguna otra comida estándar que acostumbre comer, porque no sabe nada de cocina, ni de ingredientes, ni de posibilidades culinarias. En cambio, si el chef *espía* los gustos de ese cliente, cuando entra en la cocina –con el plus de posibilidades que le da su especialidad– los insumos le *hablan* y realiza entonces un plato delicioso que cumple con el mejor costo-beneficio. Desde su conocimiento culinario –integrado por exploración de insumos, diseño y procesos de elaboración– hasta las necesidades latentes y los gustos preferidos de su cliente, brinda una respuesta exquisita que el cliente ni siquiera imaginaba.

Necesidad y diferencia

El cliente compra por su necesidad, pero paga por la diferencia. Si ante cierta necesidad un cliente tiene la opción de elegir entre más de un proveedor con las mismas capacidades para satisfacerlo, presionará lo necesario para pagar lo mínimo posible, ya que las alternativas ofrecidas lo habilitan para hacerlo.

Por lo tanto, debemos trabajar para crear diferencias que nos permitan alejarnos de propuestas equivalentes con márgenes comerciales cada vez más deteriorados. Pero esas diferencias deben tener valor para el cliente; es decir, que él esté dispuesto a pagar por ellas y que ningún otro proveedor pueda ofrecerlas.

Por eso, no es solamente una cuestión de llegar primero, porque de nada sirve innovar si el competidor puede rápidamente imitarnos. Terminemos con el supuesto de la estrategia maratónica de que dar más y más al cliente hace que nos elija. Si el competidor es capaz de seguirnos rápidamente, no aumentemos los costos, porque al poco tiempo ya no será diferencia y el cliente dejará de pagarlo. Por supuesto, en algunos casos no tenemos más remedio que agregar aquello que la competencia está dando, para que eso no se transforme en diferenciación para el otro. Pero no seamos nosotros los impulsores compulsivos de dar siempre, porque eso lleva a la pérdida, y luego, al cierre.

Para que no me copien

Cuando la diferencia es tangible, provocada, por ejemplo, por equipamiento, tecnología comprable, atención personalizada, lugar de venta, etc., dura solamente hasta que la competencia acceda a ella. En cambio, cuando la diferencia está generada por conocimiento, es mucho más difícil copiar.

En otras palabras: vendemos conocimiento transformado en servicios o productos y, aunque estos puedan ser explícitos, cuando combinamos nuestras características específicas y las necesidades latentes del cliente, la competencia siempre vendrá demorada.

- ¿Cómo *saber* cómo diseñó esto que quiere el cliente?
- ¿Cómo *saber* qué insumo específico está usando?
- ¿Cómo *saber* qué proveedor o proceso permite lograrlo?
- ¿Cómo *saber* cuál es el canal comercial que permite captar clientes?
- ¿Cómo *saber* qué criterios permiten detectar si un cliente es buen pagador?
- ¿Cómo *saber* tener gente capaz?
- ¿Cómo *saber* que luego de capacitarlos no terminen compitiendo?

Son **saberes**, conocimientos de valor...

Pasos anteriores a la innovación

Antes de empezar a explorar, hay que encuadrar la tarea. Para esto se requiere saber qué buscamos y definir el territorio donde encontrarlo.

1. El primer paso consiste en definir **campos de exploración,** lugares donde el cliente usa nuestro producto o servicio, que nos den pistas valiosas. Tenemos que buscar circunstancias que nos ofrezcan experiencias en donde nos aparecerían dudas, faltas de respuestas a necesidades de los clientes que ni ellos perciben. Esto es muy diferente de las investigaciones que nos llenan de comentarios directos del cliente y que dejan únicamente un listado de

atractores generalizados. Este *espionaje,* esta manera sutil de *investigación de mercado,* es posible gracias a casos especiales de algunos clientes que nos permiten mirar y seguir sus experiencias desde nuestra especialidad. Los servicios de posventa son muy útiles al respecto, porque son una entrada privilegiada a espacios difíciles de llegar desde otro lugar.

2. El segundo paso para ponernos en la postura de investigación consiste en plantearnos **preguntas de valor,** para lo cual tenemos que estar atentos y evitar dar respuestas inmediatas, justificaciones o explicaciones. Para inspirarnos, reconozcamos que no sabemos, o por lo menos que nuestro saber es limitado e insuficiente. Esta postura es lo contrario de *estar de vuelta,* de tener claro todo. Es la de buscador de respuestas que hoy no tenemos, es vernos limitados en nuestro saber, abiertos a escuchar y a reconocer respuestas de valor. *Una pregunta de valor es aquella cuyas respuestas nos producirán ganancias a futuro.*

3. El tercer paso implica definir *territorios de investigación,* lugares donde vivir experiencias que den respuestas a partes del interrogante planteado. Puede ser en Internet, en exposiciones, conversaciones, consultas a otros expertos, o en todo espacio que nos permita acercarnos a respuestas. También pueden ser pruebas en algún cliente.

La práctica nos trae preguntas de valor. Escribamos y compartamos con cada uno de nuestros equipos las de más valor, diseñemos un ámbito de presentación de respuestas y *escuchemos con oídos de descubridores,* abiertos y en silencio, exentos de reticencias, valorando los aportes para así crear espacios de innovaciones de valor.

Receta

Para tener oídos descubridores, necesitamos evitar dar respuestas, escuchar y expresar abiertamente sorpresa, atención, interés.

Cuando algún empleado, colega, proveedor o allegado le comenta alguna idea o innovación y se pesca a usted mismo pensando: "ya lo sabía...", "no va a funcionar...", "¿recién ahora se entera?", intente reemplazar ese pensamiento automático por alguna de estas exclamaciones abiertas:

> —*¡Qué interesante lo que me comentas!*
> —*¡En serio!*
> —*¡¿Ah sí?!*
> —*¡Eso vale!*
> —*Estoy aprendiendo...*
> —*¡Buenísimo!*

De esta forma logrará que su gente busque, indague y descubra en el territorio interrogantes de valor.

EMPRESARIO... EMPRESA...
¿Cómo completar la obra de ser empresario?

- Misión empresarial: ¿intelectualidad o sentimiento?
- La importancia de ponerle nombre
- Pautas que tallan al empresario
- Mensaje

Misión empresarial: ¿intelectualidad o sentimiento?

Cuando se inicia el emprendimiento es imposible hablar de *misión*. Sin embargo, para la aprobación de algún tipo de empresas es necesario definirla, como en el caso de las instituciones educativas.

Lo que verdaderamente aparece desde el principio del emprendimiento es la *visión*. Asoma como una imagen desdibujada y flexible a los ajustes que el emprendedor le va haciendo en esos primeros momentos, al contrastar sus ideas iniciales con la demanda concreta de su mercado. Pero al promediar la etapa de expansión, la visión queda internalizada con claridad y sirve como eje para dirigir los objetivos de esa pyme que se fue gestando.

Hablar de misión desde el principio, ya sea porque "hay que" definirla o porque lo sugieren los libros de negocios, es una intelectualización. La misión aparece naturalmente como consecuencia de tres factores.

- Tener larga trayectoria en el rubro.
- Tomar la actividad con sentido trascendente.
- Tener un sentimiento de estar avanzado en edad.

En los casos más precoces, recién a los 45 años surgen las primeras señales de misión empresarial. De todos modos, aun teniendo trayectoria y edad, el sentimiento de misión no es algo que les aparezca a todos los empresarios. Porque la misión requiere de una trascendencia social que construya una huella única e irrepetible. Esto significa estar convencido de que la empresa aporta conocimientos específicos y valores únicos al sector al cual pertenece, que de otra manera no estarían presentes, y no por razones puramente competitivas, sino como contribución a la mejora del rubro.

Este sentimiento es fundamental desde el punto de vista empresarial porque implica mirar el mercado como tal, sin depender de la mirada de cada cliente particular, sino de los clientes como conjunto, lo cual puede provocar incluso la pérdida de prospectos que no valoren lo que se les puede dar.

En una oportunidad, el director de una importante clínica oftalmológica, el doctor Nano, contó que mientras estaba realizando junto con su equipo uno de sus ateneos médicos semanales, una secretaria se acercó para avisarle que ya había pacientes esperando, a lo cual el doctor le respondió: "Dígales que esperen un poco porque aquí estamos mejorando la medicina". ¡Esa es la misión! Esa es una trascendencia por encima de la tarea diaria, es una respuesta específica que el sector médico oftalmológico probablemente no daría de no existir esa clínica.

Así como en las primeras etapas de la empresa el reconocimiento del cliente es el principal motor para encender nuestra pasión emprendedora, luego, cuando el estatus logrado se hace esperable para nuestro contexto social y tienden a decaer esas ganas iniciales, la misión nos genera nuevamente una mirada trascendente que actúa de impulsora por el resto de nuestra vida. En cambio, para quien no puede resignificar su razón de ser profesional, el hecho de tener que trabajar solo para mantener el estatus alcanzado puede transformarse en una tarea tediosa.

La importancia de ponerle nombre

En ocasiones, el empresario comienza a vivir su misión, a superar las expectativas que el nivel de competitividad del sector exige, sin nombrarla. Sin embargo, nada hay más estimulante que ponerle nombre, enunciarla, porque de esa manera se impone en la organización la cultura acorde a esa nueva mirada.

Por otra parte, la enunciación mejora la intencionalidad y el encuadre, por lo cual se elige mejor en qué poner energía. Considerando que como el impulso lo genera el propio empresario más allá de la necesidad competitiva del mercado, si no se tiene un foco adecuado, el beneficio de su trascendencia podría quedar diluido.

No hay que confundir tener un sentido de misión con trabajar sin rentabilidad. Precisamente, para trascender por encima de la media tenemos que estar más que nunca atentos a las ganancias, con el propósito de invertir y desarrollar aún más la misión definida.

Las preocupaciones diarias nos hacen atender lo urgente y tendemos a postergar lo trascendente, sin darnos cuenta de que es justamente esa mirada diferente la que puede sacarnos de la vorágine. Antes, nuestra meta era *hacer más* pero ya es hora de que sea *hacerlo mejor*, lo cual no depende de la velocidad ni de la eficiencia, sino del camino elegido.

Por otra parte, cuando la misión está encarnada en el empresario, sirve para mirar el día a día con ojos de mayor trascendencia, permitiendo que los jóvenes actúen con más autonomía al comprender que estamos construyendo un legado y que la empresa va más allá de nuestra gestión temporal.

Mirar más allá de la inmediatez nos permite cuidar mejor el futuro de los jóvenes y de nuestra empresa.

Pautas que tallan al empresario

A manera de conclusión. Es importante que tengamos, como guía de nuestras decisiones empresariales, algunas pautas clave para la continuidad de la empresa y de nuestra satisfacción en lo profesional.

En primer lugar, tenemos que ser capaces de reconocer si tenemos limitaciones para conducir, y si ese es el caso, evitar superar la estructura de sol, aquella que nos mantiene en el centro de las decisiones y en contacto directo con nuestros colaboradores. Recordemos que el tamaño no limita la competitividad. En cambio, si crecemos sin dominio perdemos capacidad competitiva. Por lo tanto, no desafiemos nuestra capacidad buscando una organización de más tamaño para el que estamos preparados.

Y si resolvemos la cuestión de conducción y tamaño, porque somos conductores capaces para una estructura mayor y decidimos superar la estructura de sol, aprovechemos para multiplicar nuestro negocio, sin comprometernos con desafíos que sobrepasen nuestro dominio o el de nuestra organización.

En segundo lugar, así como no se requiere aumentar el tamaño para mantenernos competitivos, lo que no podemos evitar para continuar siendo competentes es actualizar los productos o servicios, los canales comerciales de captación y/o ventas, los recursos logísticos –la gente, los insumos, equipos, proveedores y procesos– y la administración de créditos y cobranza.

En esto, la diversificación en la cantidad de variables que hacemos intervenir en cada uno de los ejes nos impone obligaciones de actualización cada vez mayores. Por eso, tengamos muchísimo cuidado de que esas soluciones inmediatas para traer mayor contribución no se transformen en frentes que luego haya que mantener con esfuerzo o a costa del deterioro de los núcleos de valor del negocio.

Al final del primer capítulo dije que en esta lectura usted vería que:

- se necesita **renunciar** para darse la oportunidad de **sobresalir**,
- antes que tener **procesos eficientes** hay que tener **procesos efectivos,**
- no es el crecimiento (expansión) sino el desarrollo (especialización) lo que produce **ganancia**,
- el **dominio** es fundamental para sostener la **rentabilidad**,
- **respetando y fortaleciendo sus características** no corre peligro de romper esa mística que le permitió hasta aquí la continuidad de su empresa.

Espero que este trayecto por estas nuevas maneras de llevar un negocio adelante haya logrado seducirlo.

Por último, pero como mensaje principal, quiero expresarle que nunca debemos olvidarnos que la motivación personal, la de uno mismo, es lo más importante para tener una visión acorde con esta profesión de empresario y que para mantenerla, la clave es estar cerca del logro y lejos de la falta de dominio, que nos lleva a perder poder.

Quien superó los diez años como empresario ya tiene la gran oportunidad de ser empresario toda la vida; ya se probó a sí mismo que tiene capacidades innatas y solo le resta estar atento y reaprender ante los nuevos desafíos.

Mensaje

A los 60 años de edad, mi misión es lograr que el empresario encuentre caminos cada día más potentes para hacer que su negocio sea más rentable, que su vida empresarial sea más placentera y que el negocio o la empresa trascienda más allá de sí mismo.

ANEXOS

ANEXO I

DOS CONCEPCIONES: EL SOCIO CONSTRUCTIVO Y EL VISIONARIO

- Hablemos del constructivo
- Hablemos del visionario
- Síntesis final

A medida que la empresa crece en tamaño, la propia complejidad, sin dominio, lleva a una situación de mucho movimiento y poca plata.

Con tanta facturación, uno esperaría que tarde o temprano, aunque no inmediatamente por demoras en el cobro, el dinero aparezca y eso no ocurre.

Aún tenemos en la cabeza la fórmula que nos dio resultado: "más facturación igual a más rentabilidad", pero esta ya no responde, a lo cual, entonces, buscamos explicaciones.

En ese momento, los socios encarnan posturas diferentes.

- El socio **constructivo** considera que "Tenemos que ser más prolijos, fijarnos cuidadosamente en los negocios que tomamos y mirar con detenimiento cómo los hacemos".
- El socio **visionario,** en cambio, piensa que "Lo que necesitamos es tomar más negocios porque con el

mismo gasto de estructura la plata va a aparecer". "El tren de la oportunidad se va."

El socio constructivo piensa que la ausencia de resultado se debe a la falta de eficiencia. Recomienda tomar solo casos de los que se sepa de antemano que serán rentables. Luego, corresponde cuidar y controlar que eso se cumpla. Recién entonces aparecerán los resultados –"el dinero"–. "El dinero se va en las corridas y la falta de control." El socio constructivo ve con acierto aparecer negocios que terminan en dificultades y problemas que traen más gastos que utilidades.

El socio visionario piensa que la ausencia de resultado se debe a la falta de eficacia, por no aprovechar la estructura importante. Es necesario tomar más negocios para que aparezca el dinero: "El tren de las oportunidades no espera y el momento es ahora". Él está lleno de visiones de negocios para hacer y siente que los demás no lo acompañan.

Ambos tienen parte de razón. En muchos casos, el visionario es el impulsor y el constructivo el que lo ancla a la tierra.

Hablemos del constructivo

Es sumamente analítico y ve claramente las deficiencias que se podrían mejorar. El inconveniente es que suele entregar sus análisis fuera de tiempo porque considera que "analizar un poco más algo más" aumenta sus posibilidades de tomar una decisión más acertada. Esto es tan cierto como que el tiempo que pasa deteriora la decisión. Maquiavelo dijo: "Cuanto más progresan los síntomas mejor se diagnostica la enfermedad, pero cada vez es más difícil curarla".

Es necesario que el constructivo desarrolle sensibilidad a las consecuencias del transcurso del tiempo para tomar antes su decisión, aun a costa de ser menos prolijo.

Receta

Si usted se identifica con el perfil constructivo, salga de la empresa en horario normal de trabajo y no se comunique con ella durante cierto lapso, ni realice tareas relacionadas con su negocio, de acuerdo con el siguiente plan.

- Primera semana: salga una hora.
- Segunda semana: salga en dos oportunidades una hora.
- Tercera semana: salga en tres oportunidades una hora.
- Cuarta semana: salga en cuatro oportunidades una hora.
- Segundo mes: junte esas horas y salga durante ese mes medio día cada semana.
- Tercer mes: salga dos medios días cada semana.
- Cuarto mes: salga tres medios días cada semana.

Continúe y mantenga el mismo esquema de trabajo (de tres medios días por semana), pero a partir de ese momento, siempre bajo la consigna de no comunicarse con su organización: sí puede visitar clientes o ir a exposiciones del sector, reuniones de cámara, etcétera.

Esta receta puede llevarse a cabo alargando los períodos entre aumento y aumento del tiempo fuera de la empresa, pero lo que nunca se debe hacer es disminuir el tiempo alcanzado. Por ejemplo, podemos llegar a la tercera semana saliendo tres horas en diferentes oportunidades, pero si no seguimos aumentando el tiempo afuera, por lo menos debemos mantener esas tres horas semanales hasta que en algún momento avancemos hacia la cuarta semana. ¡Nunca volver para atrás!

Hablemos del visionario

Vive excitado porque todo el tiempo ve oportunidades, siente que efectivamente tiene un don que le permite ver y percibir por encima de lo normal. Lo que omite, sin embargo, porque no lo valora, es la concreción de la oportunidad en resultado. Este aspecto le parece demasiado trivial, por lo que tiene anulada la percepción de la implementación.

Es como si el solo hecho de ver la oportunidad fuese suficiente para que esta sea negocio.

La capacidad de "ver" la oportunidad es un don, que no obstante puede ser muy peligroso si no lo desarrolla y considera su implementación y concreción.

Receta

Si usted se identifica con el perfil visionario siga estos consejos.

- Establezca una forma rutinaria de medir el costo-beneficio real respecto del presupuestado. Utilice siempre la misma forma no la cambie.
- Mire siempre resultados globales y no entre en cada procedimiento.
- Acepte que el rendimiento de su gente dé un valor respecto del objetivo, aunque para usted debería rendir mucho más.
- Asuma cualquier desvío entre lo presupuestado y lo logrado como una limitación propia, sin culpar al otro o a los otros.
- A partir de entonces, tome los verdaderos valores de costo-beneficio de lo conseguido, no por lo que se podría haber conseguido.

El ejercicio de escribir con anticipación el resultado esperado contra lo real es lo que le permite al visionario asumir la pérdida que tienen sus visiones en la implementación y, entonces, evaluar correctamente, considerando las verdaderas capacidades de su organización. El visionario puede dedicar parte de su capacidad a nuevos negocios, pero tiene que cuidarse de no abandonar lo que ha comenzado, pues siempre le tienta más lo nuevo.

Síntesis final

A partir de estas consideraciones, los socios constructivo y visionario, aunque con estilos diferentes, tendrán una manera más completa de juzgar y opinar, mejorando la forma de relacionarse y de decidir como directores.

ANEXO II

REESTRUCTURACIÓN

- Encontrar la llave para salir
- Condiciones para pensar el plan
- ¿En qué consiste el plan?
- Abandone. Renuncie. Elija.

Encontrar la llave para salir

El empresario es consciente de que las cosas no andan bien, pero no quiere pensar en eso porque no ve la salida, y al no ver la salida se dedica a mantener la rueda. Ante cualquier decisión de reestructuración sabe que no podrá pagarles a todos –proveedores, indemnizaciones si tiene que despedir, etc.–, pero al no tener un plan de salida, tampoco tiene la convicción para "venderles" alguna alternativa posible.

El plan recién aparece cuando el empresario se percata de que podría pasar de perder plata a ganarla y de que solo si toma medidas la empresa tendrá continuidad. De lo contrario, todos los que reciben un ingreso de esta empresa lo perderán. No importa tanto –y no hay que pensarlo demasiado– qué condiciones se requieren para que el negocio gane plata, sino que exista el potencial para lograrlo. Si nos detenemos en los pormenores y en cómo hacerlo, volveremos a inmovilizarnos con las preocupaciones; es más práctico pensar hacia dónde vamos.

El hecho de contar con un plan lo cambia todo, extrayéndonos de la inmovilidad y la duda. El verdadero valor del plan es el de mostrarnos una salida. Si el plan es tan ambicioso, prolijo y lejano que no lo creemos posible, o que solo pensarlo nos exige un esfuerzo que ya no estamos en condiciones de realizar, no sirve. Y no solo no sirve, sino que quema nuestras últimas esperanzas.

Condiciones para pensar el plan

Es imprescindible que en un momento como este cuidemos, como si fuera el máximo capital que tenemos, el poder esperanzador que tiene el plan. Para ello, necesitamos cumplir las siguientes *cinco condiciones.*

1. **No se distraiga tratando de mantener el estatus:** si en vez de enfocarnos en ganar dinero y hacer rentable el negocio pensamos en mantener la imagen, y usamos nuestros recursos y nuestra energía en conservar una apariencia, estamos perdidos. Significa que no entendemos aún la urgencia de las cosas, ni qué es lo verdaderamente importante. Olvidémonos del estatus y volvamos a hacer negocio.
2. **No piense en lo que no puede hacer:** para realizar el plan, tenemos que concentrarnos únicamente en lo que podemos hacer y en lo que depende de nosotros, sin exageraciones ni condicionamientos de esfuerzo que dependan de otros.
3. **En lo financiero, priorice el dominio:** no importa el monto de deuda actual más el incremento que produzca el plan, lo que importa es el dominio, para que no se interrumpan las posibilidades de pago.
4. **No piense a mediano o largo plazo:** si manejamos de noche desde Buenos Aires a Mar del Plata, necesitamos que los faros de nuestro automóvil iluminen

los próximos 200 m, de nada sirve que iluminen los 400 km que distan entre la salida y el destino final. Pensar a mediano o largo plazo no solo es angustiante, sino que no lo necesitamos y no es conveniente para el plan.

5. **Figúrese a su gente con disponibilidad de tareas:** así como nosotros, dueños de la empresa, en semejante situación estamos dispuestos a hacer todo lo necesario, tenemos que considerar a nuestra gente –desde trabajadores operativos hasta vendedores– de la misma manera y con la misma disponibilidad que para con nosotros mismos–. Es decir, si se requiere hacer "salir a vender" a una empleada que siempre desarrolló tareas administrativas, tenemos que considerarlo; es preferible para todos estar en un barco que flota que en un barco que se hunde. Nadie tiene tareas predeterminadas, todo se puede modificar en función del plan.

¿En qué consiste el plan?

No se trata de definir "cómo hacer paso a paso" sino de plantear las *entradas y salidas que tendría el negocio en una situación mínima*. Ya formulando, y solo formulando, cuáles serían las salidas y las entradas, nos daremos cuenta de que sigue siendo negocio y que tiene potencial para ganar dinero. ¡Eso es lo que necesitamos!

El armado de este plan tiene que encararse con ánimo "lúdico", no como una exigencia. La exigencia genera resistencia, la resistencia lleva a la postergación y la postergación, al deterioro. Por eso, sepa que solamente está planeando, jugando a pensar alternativas, no hay ninguna decisión, por el momento, de llevarlo a cabo.

Es fundamental armar el plan desde la hipótesis de que se parte sin nada ni nadie, sin estructura ni personal.

En ese caso, ¿cuáles son las salidas y las entradas?

Salidas (no las llamemos **costos**)

1. Gastos personales.
2. Intereses financieros.
3. Servicios de funcionamiento mínimo.
4. Estructura mínima.

Importa respetar ese orden de prioridad y evaluar en los puntos 3 y 4 sus correspondientes beneficios, es decir, los servicios y la estructura que traen más que lo que cuestan.

Entradas (diferencias entre facturación y costos directos no contemplados en salidas). En las salidas no se contemplaron los insumos, materias primas o terceros variables con respecto a las ventas que se produzcan.

1. Operaciones: negocios o clientes de mínima.

Abandone. Renuncie. Elija

Descarte oportunidades que no le convengan y tenga presente que cada uno que cobre de este negocio le exigirá en forma individual, pero recuerde que solo usted sabe que en estas instancias el negocio no rinde para pagar todo. De modo que, una vez hecho el plan rentable, habrá que venderlo a estas personas, para que vean que este proyecto desemboca en capacidad de pago.

La reducción de tamaño trae dominio, el dominio, capacidad de pago. Esto supone un empresario con más aptitud de negocio. Aun así, es importante condicionar los compromisos financieros a lo que el negocio puede dar hoy. De ser necesario, vuelva al Capítulo "Proceso de reestructuración".

ANEXO III

FUNCIONES DEL NEGOCIO

A modo de ejemplos

¿Cuáles son las funciones importantes en un *restaurante*?

1. **Eje de diseño y elección de productos y/o servicios**
   La carta y sus formas de elaboración.
2. **Eje de comercialización**
   La captación de nuevos clientes.
   Las promociones especiales.
   Las ventas (solo para los casos en que quienes atienden impulsan las compras).
3. **Eje de logística**
   La producción del servicio.
4. **Eje de administración de capital de trabajo**
   No hay ninguna función en este eje, porque esa empresa no otorga créditos, cobra al contado y paga en el momento a cada proveedor por contar con la liquidez necesaria.

¿Cuáles son las funciones importantes en un *estudio contable*?

1. **Eje de diseño y elección de productos y/o servicios**
   La elección de los servicios que presta y las especialidades que necesita actualizar y optimizar para cumplir con los servicios elegidos.
2. **Eje de comercialización**
   La captación de clientes.
   La cotización.
   Las ventas.

3. **Eje de logística**
La producción del servicio.

4. **Eje de administración de capital de trabajo**
Aunque cobra y paga, este eje no significa una variante significativa para este negocio.

¿Cuáles son las funciones importantes en una *distribuidora de productos comestibles?*

1. **Eje de diseño y elección de productos y/o servicios**
La elección de las líneas de productos.

2. **Eje de comercialización**
La captación de nuevos clientes.
Las promociones.
Las ventas.

3. **Eje de logística**
Las compras y la reposición.
La distribución.

4. **Eje de administración de capital de trabajo**
Créditos.
Cobranzas.
Administración del capital (pagos).

¿Cuáles son las funciones importantes en una *fábrica de productos de bazar?*

1. **Eje de diseño y elección y diseño de productos y/o servicios**
La elección de los productos.
El diseño de procesos de fabricación.

2. **Eje de comercialización**
La captación de nuevos puntos de ventas.
La promoción en lanzamientos.
Las ventas.

3. **Eje de logística**
La producción.
La distribución.

4. Eje de administración de capital de trabajo
Créditos.
Cobranzas.

¿Cuáles son las funciones importantes en una *universidad*?

1. Eje de diseño y elección de productos y/o servicios
La elección de carreras a ofrecer.
El diseño curricular.
2. Eje de comercialización
La promoción de las carreras.
Las ventas.
3. Eje de logística
La producción del servicio.
4. Eje de administración de capital de trabajo
Las cobranzas.

www.ingramcontent.com/pod-product-compliance
Lightning Source LLC
Chambersburg PA
CBHW050503210326
41521CB00011B/2301